50 TIPS & TRICKS FÜR DYNAMICS AX 2012

VON MURRAY FIFE

(Autor)

UND

KURT MEKELBURG

(Übersetzer)

ISBN: 150101188X

ISBN-13: 978-1501011887

Vorwort

Voraussetzungen

Alle in diesem Ratgeber dargestellten Beispiele wurden erstellt mit dem Microsoft Dynamics AX 2012 VM Image, welches von Microsoft CustomerSource oder PartnerSource heruntergeladen werden kann. Falls Sie nicht über eine eigene Installation von Microsoft Dynamics AX 2012 verfügen, können Sie sich auch in der Microsoft Cloud über das Lifecycle Services Azure Deployment Portal eine Demoversion von Dynamics AX 2012 R3 bereitstellen lassen.

Für diesen Ratgeber wurde folgende Software als Grundlage verwendet:

* Microsoft Dynamics AX 2012 R3

Die "Rezepturen" in diesem Buch sollten auch auf früheren Versionen von Dynamics AX 2012 mit kleinen Korrekturen und Anpassungen lauffähig sein sowie auch auf späteren Versionen von Dynamics AX ohne Änderungen funktionieren.

Errata

Obwohl wir mit großer Sorgfalt arbeiten, um die Richtigkeit unserer Inhalte zu gewährleisten, Fehler passieren immer wieder. Wenn Sie einen Fehler in einem unserer Bücher finden - vielleicht im Text oder im Code -, wären wir Ihnen dankbar, wenn Sie uns dies melden würden. Damit können Sie anderen Lesern Frustration ersparen und uns helfen, die nachfolgenden Versionen dieses Buches zu verbessern. Wenn Sie einen Druckfehler finden, melden Sie diesen bitte per E-Mail an murray@murrayfife.me.

Piraterie

Piraterie von urheberrechtlich geschütztem Material im Internet ist ein ständiges Problem für alle Medien. Wenn Sie auf illegale Kopien unserer Werke stoßen - im Internet oder in anderer Form -, teilen Sie uns bitte die Standort-Adresse oder den Website-Namen sofort mit, damit wir eine Gegenmaßnahme einleiten können. Bitte kontaktieren Sie uns unter murray@murrayfife.me mit einem Link zu der vermuteten Raubkopie. Wir bedanken uns für Ihre Hilfe beim Schutz unserer Autoren und unseren Bemühungen, Sie mit wertvollen Inhalten zu versorgen.

Fragen

Sie können uns über murray@murrayfife.me kontaktieren, wenn Sie mit irgendeinem Aspekt des Buches ein Problem haben sollten, und wir werden unser Bestes tun, um es abzustellen

Inhaltsverzeichnis

FUNKTIONALE TRICKS (Fortsetzung)

217   **OFFICE TRICKS**

Einführung

Dynamics AX ist ein tolles Produkt, weil jeder in der Lage ist, die Grundlagen mit nur ein wenig Übung zu meistern. Wenn Sie es häufiger verwenden, werden Sie wahrscheinlich über Features stolpern, die nirgendwo vermerkt sind, die jedoch Dynamics AX noch besser machen, und Sie legen sie erstmal beiseite, um sie eventuell später zu verwenden. Je mehr Sie das System nutzen, desto mehr von diesen Funktionen werden Sie finden, und nach einer gewissen Zeit wandeln Sie sich von einem Standard-User zu einem Power-User. Um Ihnen den Einstieg zu erleichtern, haben wir für Sie 50 nützliche Tricks und Tipps, die Sie innerhalb von Dynamics AX nutzen können, zusammengestellt. Sie erstrecken sich von Tipps für die Feinabstimmung des Dynamics AX-Client über einige versteckte Funktionen in Dynamics AX selbst, von denen viele Anwender nicht wissen, das sie vorhanden sind. Dazu gehören auch Tipps, wie andere Tools aus dem System heraus zu verwenden sind, und wie Sie die Office-Suite einbinden können, um Dynamics AX das volle Potential zu entlocken. Sie werden nicht alle diese Tricks und Tipps nutzen, aber wir sind sicher, dass Sie eine Menge von ihnen anwenden werden.

DESKTOP CLIENT TIPS

Sie müssen sich gar nicht so sehr in Dynamics AX vertiefen, um Funktionen zu finden, die Ihre Arbeit etwas einfacher machen. Schon der Desktop Client selbst ist bestens gefüllt mit Funktionen. Sie können am Client Feineinstellungen vornehmen, so dass Sie nur die Informationen sehen, die Sie gerne sehen möchten. Sie können auch eingebaute Tastaturbefehle verwenden, um das Auffinden von Informationen zu erleichtern.

Finde (nahezu) alles mit Hilfe von Enterprise Search

Haben Sie jemals Zeit damit verbracht, über das Menüsystem etwas zu suchen, eventuell ein bestimmte Eingabemaske zu finden, die Sie ausführen müssen ? Oder haben Sie schon einmal nach einer bestimmten Information in Dynamics AX gesucht wie z.B. einen Kunden, nur um nach der Suche feststellen zu müssen , dass es sich tatsächlich um einen Interessenten handelt ? Dynamics hat eine Funktion mit Namen Enterprise Search, mit der Sie eine Menge Zeit sparen können. Alles, was Sie tun müssen, wenn Sie etwas suchen, ist, das Schlüsselwort in die Such-Schaltfläche in der rechten oberen Ecke des Dynamics AX Client einzugeben, und AX wird Ihnen einen Vorschlag unterbreiten, wo Sie es finden können. Das nächste Mal nutzen Sie einfach Enterprise Search, und lassen Sie Dynamics AX die Suche für Sie durchführen. Es ist so viel einfacher.

Finde (nahezu) alles mit Hilfe von Enterprise Search

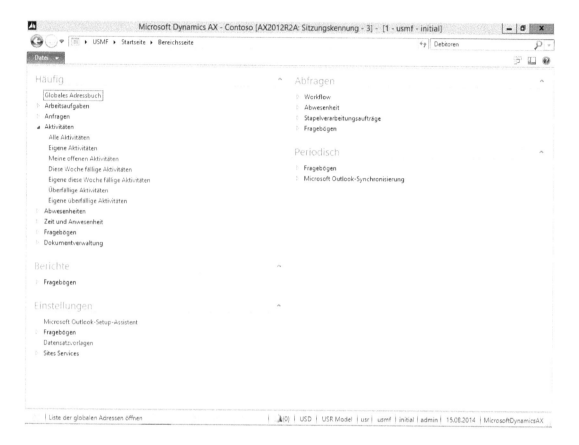

Geben Sie den Begriff, nach dem Sie suchen möchten, in das Enterprise Suchfeld in der rechten oberen Ecke des Clients ein.

In diesem Fall wollen wir irgendetwas im Zusammenhang mit Debitoren finden.

Finde (nahezu) alles mit Hilfe von Enterprise Search

Innerhalb des Arbeitsbereichs meldet Enterprise Search alle Elemente zurück, die im Zusammenhang mit der Suche stehen. Und auf der rechten Seite alle Hilfethemen, die mit dem Suchbegriff in Beziehung stehen.

Finde (nahezu) alles mit Hilfe von Enterprise Search

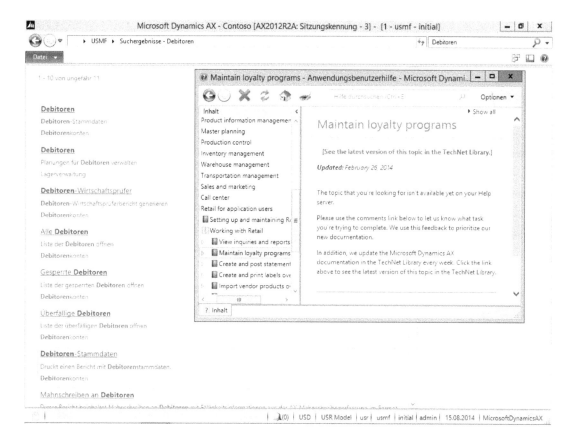

Wenn man irgendein Thema auf der rechten Seite anklickt, öffnet sich der Hilfe-Explorer und führt einen direkt zum Thema.

Finde (nahezu) alles mit Hilfe von Enterprise Search

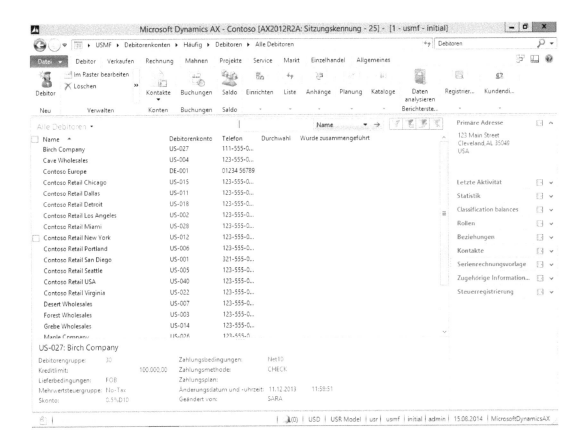

Wenn Sie irgendeinen Menüpunkt im Hauptteil des Enterprise Search Fensters anklicken, wird unmittelbar die betreffende Maske geöffnet.

Finde (nahezu) alles mit Hilfe von Enterprise Search

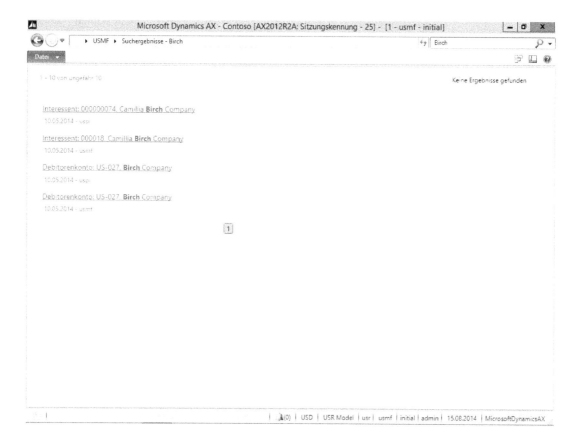

Sie können auch Daten innerhalb Dynamics AX suchen, indem Sie ein Schlüsselwort eingeben, nach dem Sie suchen möchten. Falls es irgendwelche Daten gibt, die der Suche entsprechen , werden sie im Hauptpanel der Suchergebnisse aufgelistet.

Finde (nahezu) alles mit Hilfe von Enterprise Search

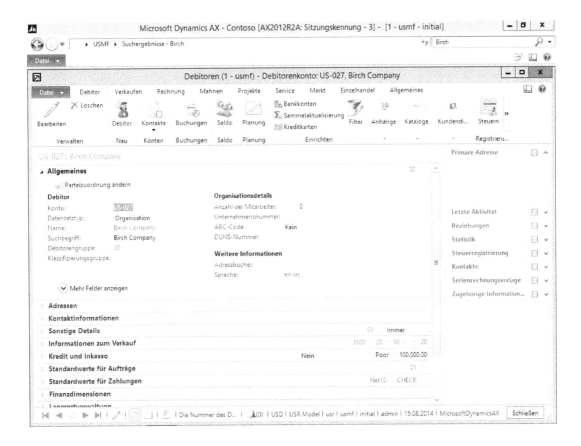

Wenn Sie die Verknüpfung anklicken, werden Sie direkt in die entsprechende Eingabemaske geführt.

Personalisiere die Funktionsleiste, um Menüschaltflächen leichter zu finden

Jeder weiß, dass man Eingabemasken innerhalb Dynamics AX personalisieren kann, damit nur die Felder angezeigt werden, die man sehen möchte. Aber vergessen Sie nicht, dass Sie auch die Funktionsleiste (Ribbon Bar) Ihren eigenen Geschmack anpassen können, indem Sie Menüpunkte verbergen, die Sie nicht benötigen. Und selbstverständlich können Sie auch Menüpunkte von einer Befehlsleiste zu einer anderen verschieben, um den Zugriff zu vereinfachen.

Durch die Optimierung Ihrer Eingabemasken können Sie Dynamics AX von unnötigen Ballast für Ihre tägliche Arbeit befreien.

Personalisiere die Funktionsleiste, um Menüschaltflächen leichter zu finden

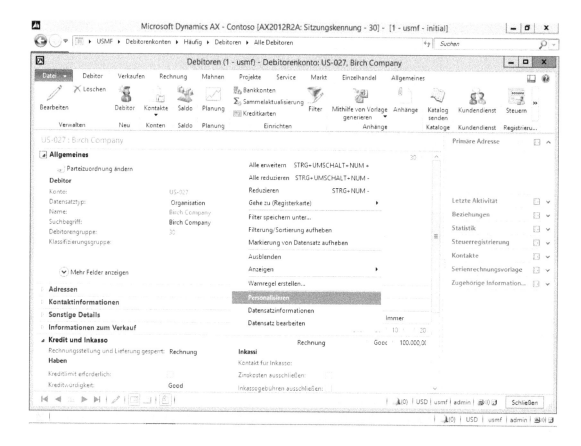

Klicken Sie die rechte Maustaste in der Eingabemaske, wo Sie die Funktionsleiste anpassen möchten, und wählen Sie die Option Personalisieren.

Personalisiere die Funktionsleiste, um Menüschaltflächen leichter zu finden

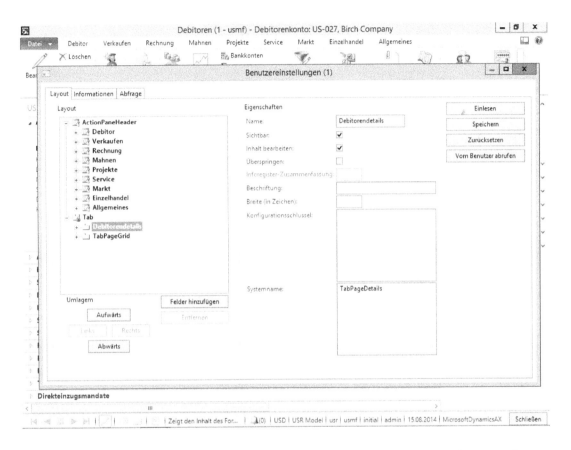

Wenn die Dialogbox Benutzereinstellungen angezeigt wird, können Sie erkennen, dass das Layout Panel zwei Hauptgruppen umfaßt. Standardmäßig wird die Tab Gruppe für die Personalisierung vorgeschlagen, die Ihnen die Anpassung alle Felder und Feldgruppen im Hauptteil des Formulars erlaubt.

Wenn Sie jedoch die ActionPaneHeader Gruppe auswählen, werden Sie alle Schaltknöpfe und Gruppen der Funktionsleiste sehen.

Personalisiere die Funktionsleiste, um Menüschaltflächen leichter zu finden

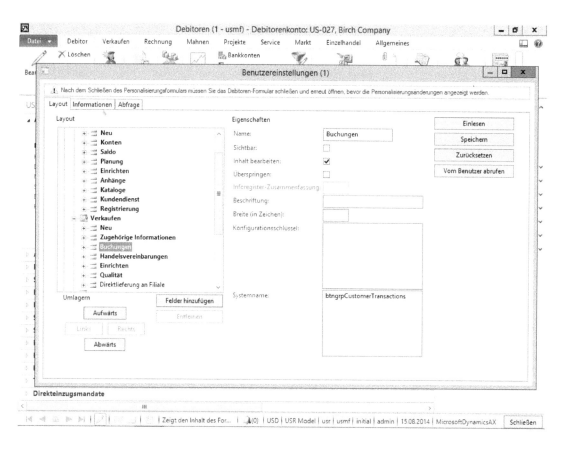

Sie können jeden Schaltknopf verbergen, indem Sie die Option Sichtbar überschreiben, und Sie können auch Gruppen von Schaltknöpfen mit Ziehen & Ablegen (Drag & Drop) von einer Gruppe zu einer anderen bewegen. In diesem Beispiel werden wir alle Verkaufsbuchungen von der Funktionsleiste Verkaufen zur Funktionsleiste Debitor verschieben.

Personalisiere die Funktionsleiste, um Menüschaltflächen leichter zu finden

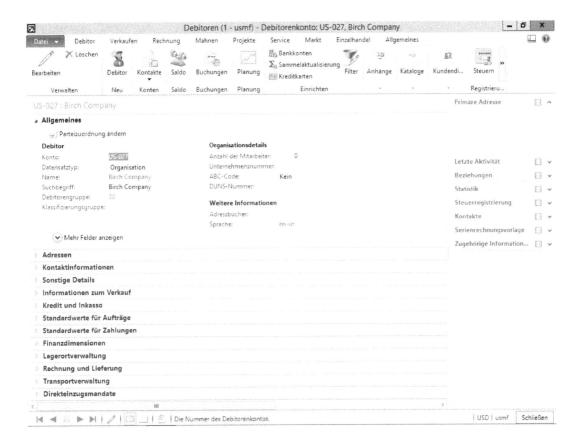

Jetzt befindet sich der Menüpunkt Buchungen innerhalb der Debitor Funktionsleiste und ist per Mausklick zu erreichen.

Personalisiere die Funktionsleiste, um Menüschaltflächen leichter zu finden

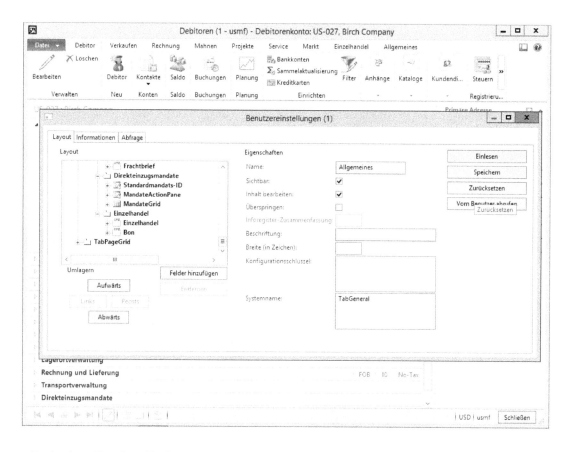

Bedenken Sie, dass Sie immer zu den Standardeinstellungen zurückkehren und alle Anpassungen rückgängig machen können, indem Sie auf den Schaltknopf Zurücksetzen innerhalb der Dialogbox Benutzereinstellungen klicken.

Bestimme die Anzahl für automatische Spaltenbreite zwecks Angleichung des Bildschirmplatzes

Genau wie beim Menschen gibt es Bildschirme in unterschiedlichen Größen und Formen. Einige sind schlank und zierlich mit einer bescheidenen Bildschirmauflösung, andere sind größer und besitzen eine höhere Auflösung. Zum Glück - wenn Dynamics AX den Bildschirm aufbaut – werden nicht nur entsprechend der Bildschirmgröße die Felder neu angeordnet, sondern es ermöglicht Ihnen auch anzugeben, wieviele Spalten verwendet werden sollen zur Darstellung der Informationen. D.h.: Wenn Sie einen kleineren Bildschirm haben, können Sie den Bildschirm trimmen, damit alle Informationen in einer Spalte angezeigt werden, so dass Sie nicht von links und rechts scrollen müssen, um alle Informationen sehen zu können. Falls Sie einen größeren Bildschirm haben, können Sie weitere Spalten hinzufügen, so dass Sie mehr Informationen auf dem Bildschirm darstellen können und nicht eine Menge weißen Raum vergeuden.

Bestimme die Anzahl für automatische Spaltenbreite zwecks Angleichung des Bildschirmplatzes

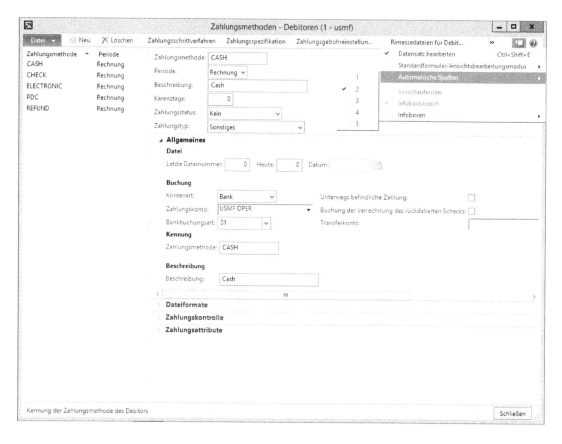

Klicken Sie auf das Navigationssymbol rechts oben im Dynamics AX Client, und wählen Sie den Menüpunkt Automatische Spalten. Sie haben jetzt die Möglichkeit, die Anzahl der Spalten auszuwählen, die Sie in der Eingabemaske nutzen wollen.

Bestimme die Anzahl für automatische Spaltenbreite zwecks Angleichung des Bildschirmplatzes

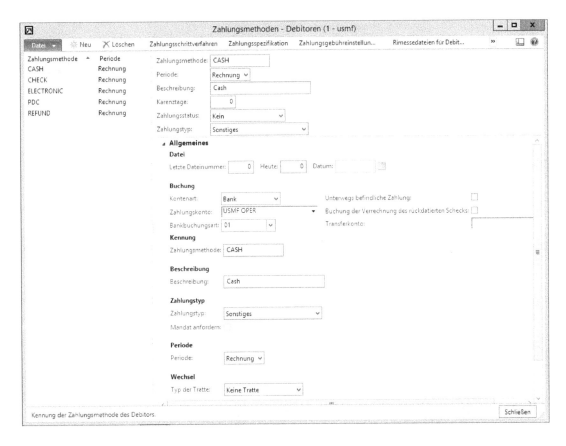

Wenn Sie einen kleinen Bildschirm haben, können Sie sich alle Informationen in einer Spalte anzeigen lassen.

Bestimme die Anzahl für automatische Spaltenbreite zwecks Angleichung des Bildschirmplatzes

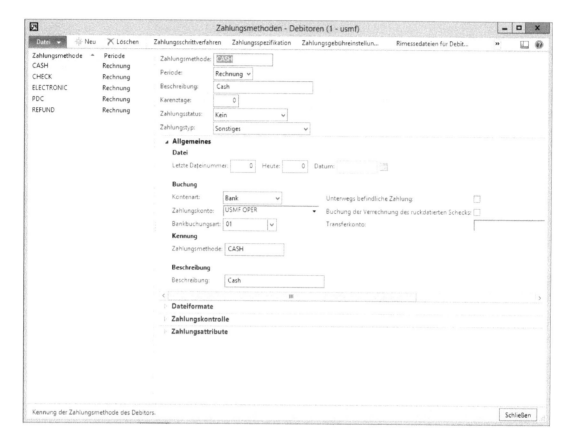

Wenn Sie über einen größeren Bildschirm verfügen, dann können Sie sich die Informationen über zwei Spalten hinweg anzeigen lassen.

Bestimme die Anzahl für automatische Spaltenbreite zwecks Angleichung des Bildschirmplatzes

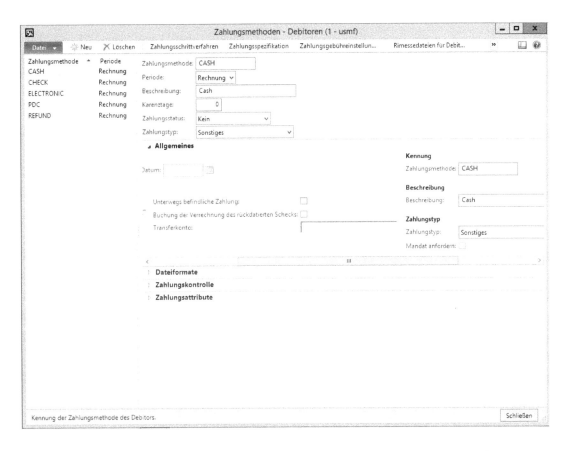

Falls Sie über einen Bildschirm mit hoher Auflösung verfügen, dann spricht nichts dagegen, die Informationen über 3 und mehr Spalten darzustellen.

Felder der Inforegister-Zusammenfassung hinzufügen für den bequemen Zugriff

Sie haben sicherlich schon die Übersichts-Felder in der Registerkartei (Tab-)-Leiste bemerkt, wenn Sie eine Eingabemaske öffnen. Dies gestattet Ihnen, die Werte von einigen Feldern innerhalb einer Gruppe zu sehen, vor allem wenn die Registerkartei zusammengefaltet ist. Dadurch können Sie die Anzahl an Mausklicks reduzieren, um die Informationen, die Sie benötigen, zu finden. Das heißt auch, dass Sie viele Registerkarteien schließen können, so dass Sie sich nicht durch eine Vielzahl von Seiten an Informationen scrollen müssen.

Sie unterliegen keiner Begrenzung bei den Inforegister-Feldern, die standardmäßig aktiviert sind. Sie können mit ein paar Klicks jedes Feld der Inforegister-Zusammenfassung hinzufügen. Damit können Sie auf einen Blick alle Informationen sehen, die für Sie wichtig sind.

Felder der Inforegister-Zusammenfassung hinzufügen für den bequemen Zugriff

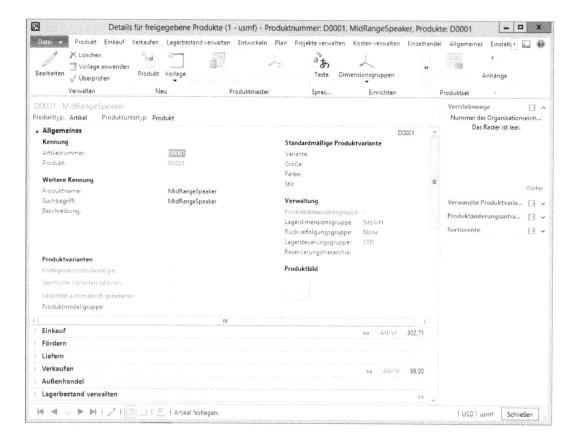

Falls ein Feld innerhalb des Hauptteils der Registerkartei-Gruppe vorhanden ist, das Sie der Inforegisterkartei-Zusammenfassung hinzufügen möchten, dann betätigen Sie an der Stelle die rechte Maustaste und wählen die Option Personalisieren aus.

Felder der Inforegister-Zusammenfassung hinzufügen für den bequemen Zugriff

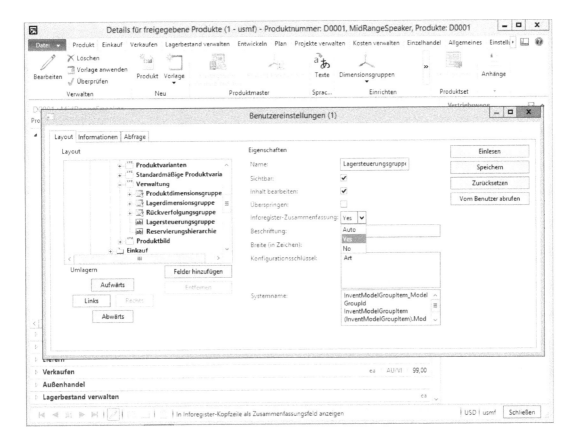

In der Spalte Eigenschaften ändern Sie das Feld Inforegister-Zusammenfassung auf Yes und dann schließen Sie die Personalisierungs-Maske.

Felder der Inforegister-Zusammenfassung hinzufügen für den bequemen Zugriff

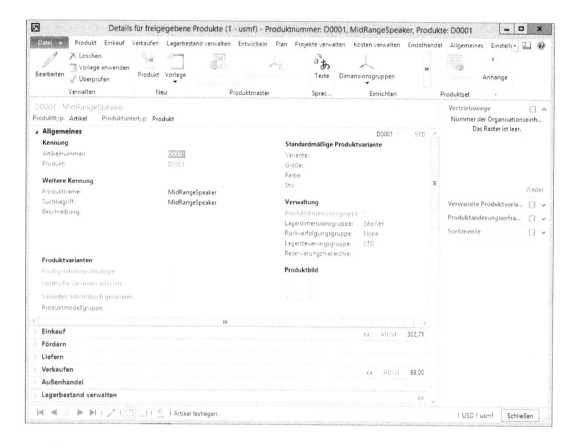

Sie können diesen Vorgang für soviele Felder wiederholen wie Sie möchten, und die betreffenden Felder werden den Inforegister der Kartei hinzugefügt.

Felder der Inforegister-Zusammenfassung hinzufügen für den bequemen Zugriff

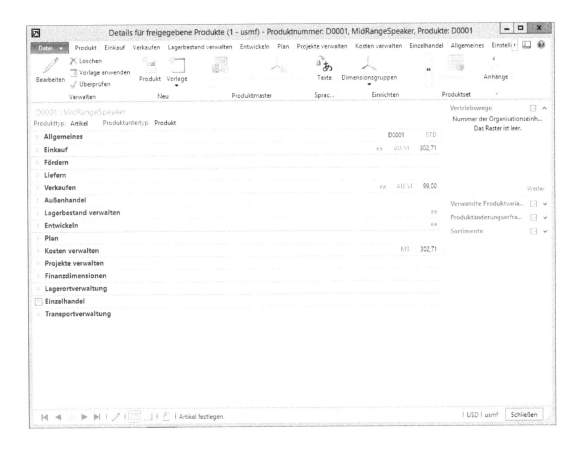

Jetzt können Sie alle Registerkarteien schließen, und Sie können weiterhin alle Schlüsselinformationen im Überblick sehen. Sie müssen nur die Registerkartei öffnen, wenn Sie mehr Details sehen möchten.

Navigiere zwischen den Registerkarteien mit Hilfe von Tastenkürzel

Wenn Sie mit der Tastatur leben und sterben und nur in Ausnahmefällen die Maus heranziehen, dann öffnen Sie ein Navigationsmenü innerhalb Dynamics AX 2012, das Sie vermutlich überzeugen wird. Es werden Ihnen sämtliche Registerkarteien angezeigt, die Sie der Reihe nach öffnen können, um sich die Datenfelder anzeigen zu lassen – vorausgesetzt Sie kennen die Tastaturkürzel nicht, um direkt zur Registerkartei springen zu können. Für den Zugriff auf die Registerkarteien müssen Sie nur die CTRL-Taste und die Kartei Nummer drücken, und Dynamics wird Sie ohne Maus direkt dorthin führen.

Jetzt können Sie sehr elegant zwischen den verschiedenen Registerkarteien hin- und herspringen.

Navigiere zwischen den Registerkarteien mit Hilfe von Tastenkürzel

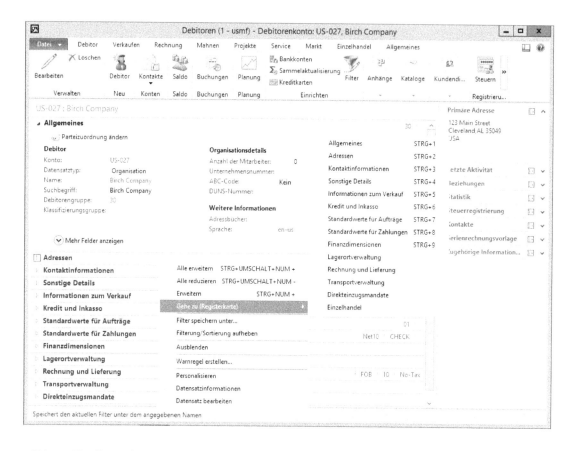

Wenn Sie die rechte Maustaste klicken auf irgendeiner Registerkartei in der Dokumentenansicht, und den Menüpunkt Gehe zu (Registerkartei) auswählen, ist es möglich, sich direkt zu der betreffenden Kartei zu bewegen.

Beachten Sie die Tastaturkürzel , die den Karteien zugeordnet sind. Um die Karteien ohne den Umweg über das Menü zu öffnen, müssen Sie nur die CTRL-/STRG-Taste zusammen mit der Registerkartei Nummer, die Sie öffnen möchten, drücken.

Navigiere zwischen den Registerkarteien mit Hilfe von Tastenkürzel

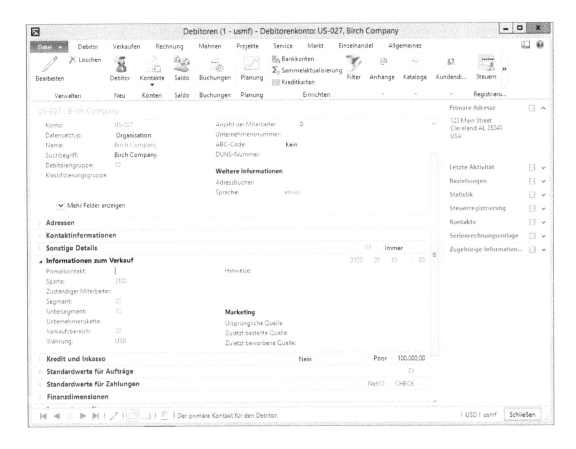

Zum Beispiel: durch Drücken von CTRL+5 werden Sie innerhalb der Debitoren-Eingabemaske direkt zur Registerkartei Informationen zum Verkauf geführt.

Wie man in Dynamics AX etwas findet

Das Setzen von Filtern innerhalb von Dynamics AX ist phantastisch, und es ist dadurch sehr einfach, diejenigen Datensätze zu finden, an denen Sie gerade interessiert sind. Aber was ist, wenn Sie das Filtern einzelner Informationen aus Ihrer Abfrage herausnehmen möchten anstatt in die Suche mit einzubeziehen.

Sie können das sehr leicht bewerkstelligen, indem Sie den Filter Operator "!" verwenden (auch bekannt als NOT). Sie müssen nur diesen Spezailfilter am Anfang der Abfrage platzieren, und schon werden Ihnen diese Datensätze herausgefiltert und nicht zurückgemeldet.

Wie man in Dynamics AX etwas findet

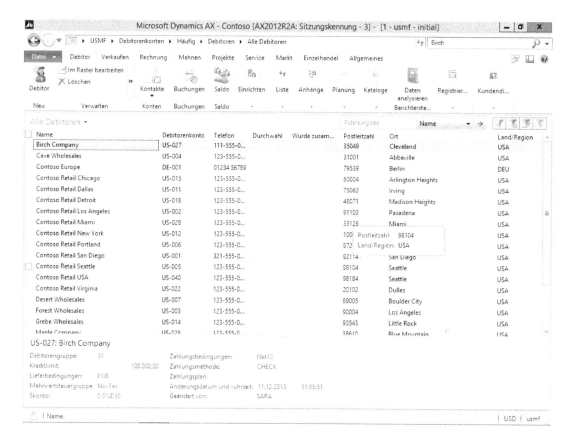

Öffnen Sie das Formular, aus dem Sie etwas herausfiltern möchten, und öffnen Sie mit CTRL+G das Filtergitter.

Beachte: In der Adressleiste im Kopf des Dynamics AX Bildschirms können Sie immer nachvollziehen, welcher Menüpunkt für die jeweiligen AX Bildschirme aufgerufen wird.

Wie man in Dynamics AX etwas findet

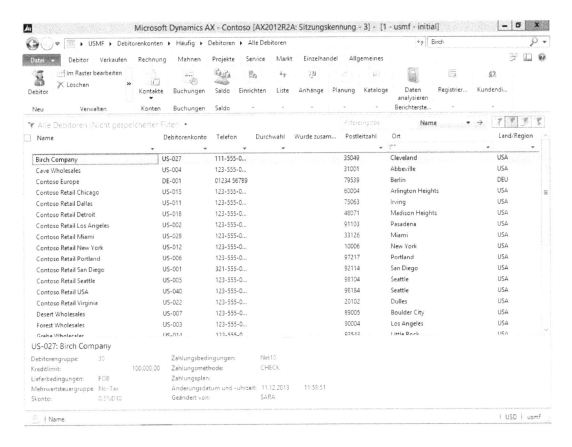

In der Filterbox tippen Sie den Wert ein, den Sie herausfiltern möchten, aber ergänzen Sie ein "!" am Anfang. In diesem Beispiel benutzten wir !"" (beachte die doppelten Anführungszeichen), um AX mitzuteilen, dass uns keine leeren Datensätze zurückgemeldet werden sollen.

Wie man in Dynamics AX etwas findet

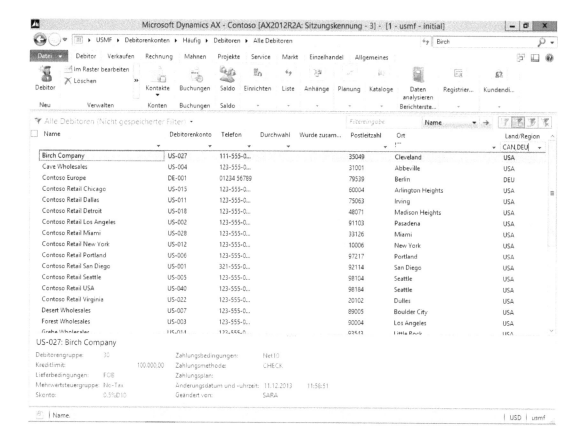

Selbstverständlich können Sie auch durch ein Komma getrennte Mehrfach-Filter eingeben.

Drücke die Stern-Taste zur sofortigen Anzeige von Referenzdaten

Wenn Sie ein Tastatur-Freak sind und es hassen, die Maus zu benutzen, dann werden Sie denken, dass Auswahl-(Dropdown-)Listen der Fluch Ihres Lebens sind. Sie können sich sofort eine Liste mit allen Referenzwerten für ein Feld auflisten lassen, indem Sie innerhalb des Feldes die * Taste drücken.

Sie benötigen dazu keine mieffige Maus …

Drücke die Stern-Taste zur sofortigen Anzeige von Referenzdaten

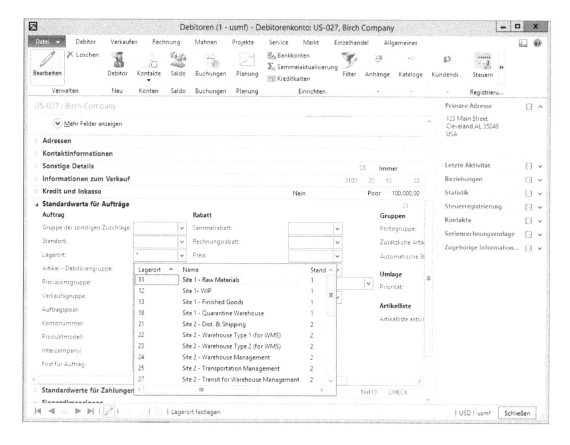

Um alle Bezugswerte in einem Feld aufzulisten drücken Sie die * Taste.

Drücke die Stern-Taste zur sofortigen Anzeige von Referenzdaten

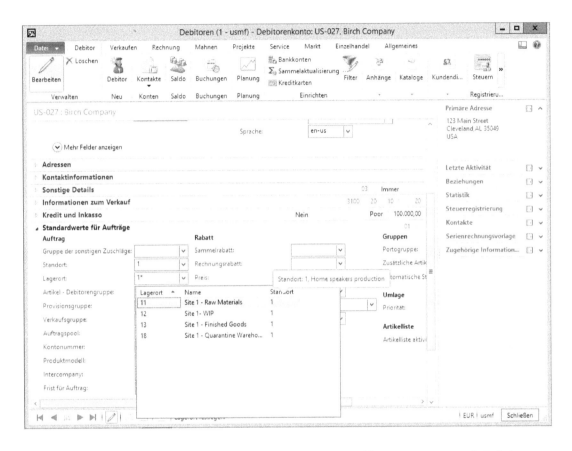

Sie können auch den ersten Buchstaben eines Suchbegriffes eintippen. Nach Drücken der * Taste wird Ihnen eine gefilterte Liste von Datensätzen zurückgemeldet.

Tippe den Produktnamen ein um die Produktnummer zu finden

Sehr oft werden Sie mit Hilfe des Produktnamens nach einen Produkt gesucht haben, und nicht nach der Produktnummer. Anschließend navigierten Sie in der Auswahlliste, haben die Filterauswahl aktiviert sowie den Produktnamen eingetippt und wenn Dynamics AX eine eindeutige Übereinstimmung findet, wird der Name des korrekte Materials ausgetauscht.

Ab jetzt müssen Sie sich all diese Materialnummern nicht mehr merken.

Tippe den Produktnamen ein um die Produktnummer zu finden

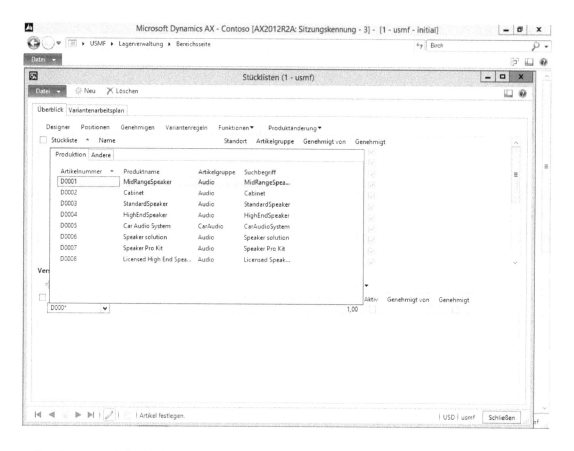

Sie können auf die herkömmliche Weise nach einem Produkt suchen, indem Sie die Auswahlliste benutzen und dann versuchen, das Produkt zu finden ...

Tippe den Produktnamen ein um die Produktnummer zu finden

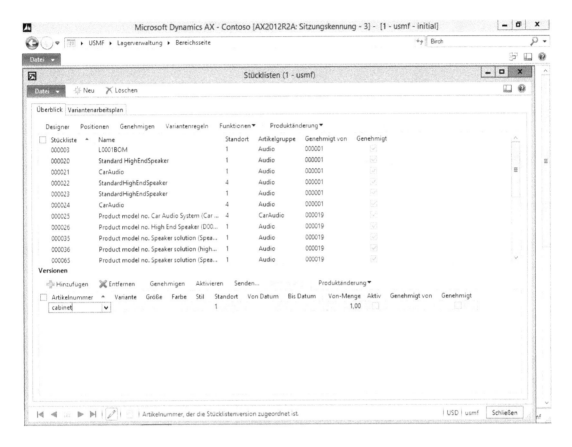

Oder Sie können einfach den Namen des zu suchenden Produkts im Feld Artikelnummer eintippen.

Tippe den Produktnamen ein um die Produktnummer zu finden

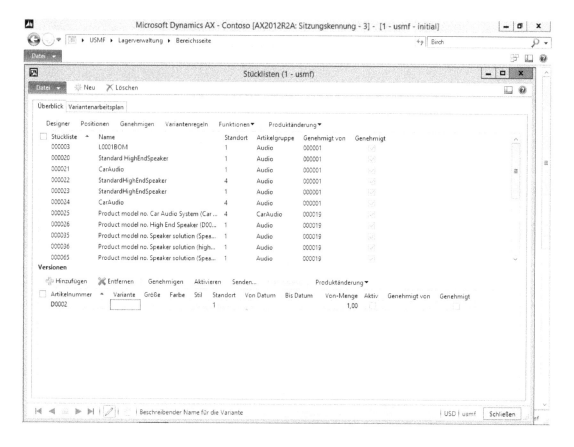

Falls es Dynamics AX möglich ist, eine eindeutige Übereinstimmung zu finden, wird der Produktname mit der korrekten Produktnummer ersetzt.

Nutze Kürzel zur Datums-eingabe

Dynamics AX verfügt über viele Tastaturkürzel, die man für die Navigation im System nutzen kann, um nicht zu oft mit der Maus klicken zu müssen. Darüberhinaus gibt es in bestimmten Feldern einige Kürzel, die einem bei der alltäglichen Datenerfassung sehr hilfreich sein können.

Ein Beispiel dazu ist, dass Sie nicht das volle Datum eingeben müssen (z.B. 25.12.2013). Sie können Kürzel für das aktuelle Datum benutzen bzw. ein verkürztes Datum (2512), das automatisch in das volle Datum übersetzt wird. Wenn es darum geht, Informationen so schnell wie möglich zu erfassen, ist diese Vorgehensweise unglaublich nützlich.

Nutze Kürzel zur Datumseingabe

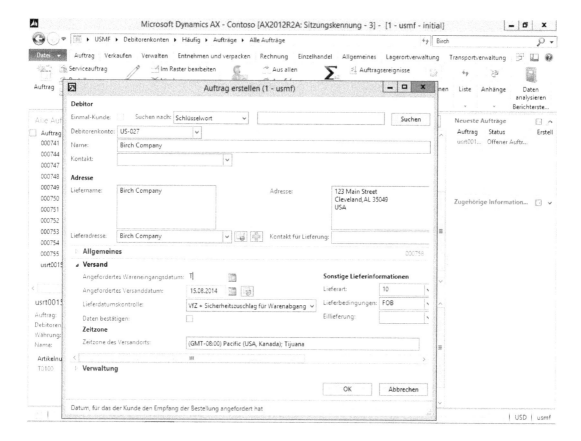

Tippe "T" in das Datumsfeld

Nutze Kürzel zur Datumseingabe

Und es wird ersetzt mit dem aktuellen Datum (und der Zeit) von der Client Maschine, was sehr nützlich ist, falls der Server sich in einer anderen Zeitzone befindet.

Nutze Kürzel zur Datumseingabe

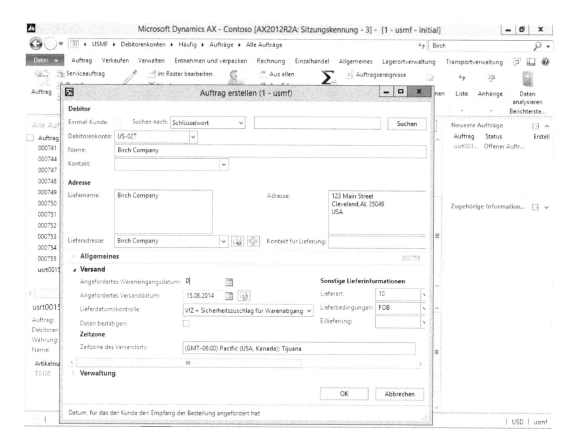

Tippe "D" in das Datumsfeld ...

Nutze Kürzel zur Datumseingabe

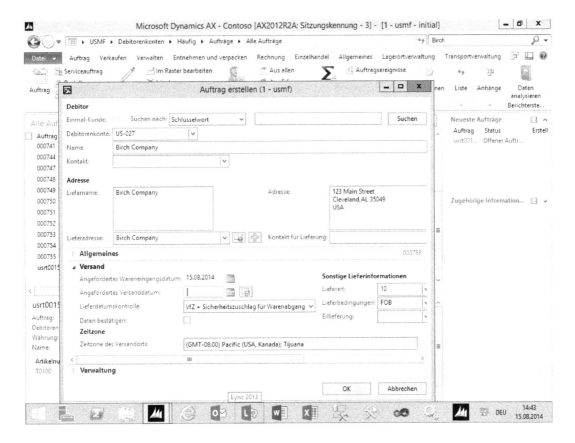

Und es wird ersetzt mit dem Datum (und Zeit) vom Server

Nutze Kürzel zur Datumseingabe

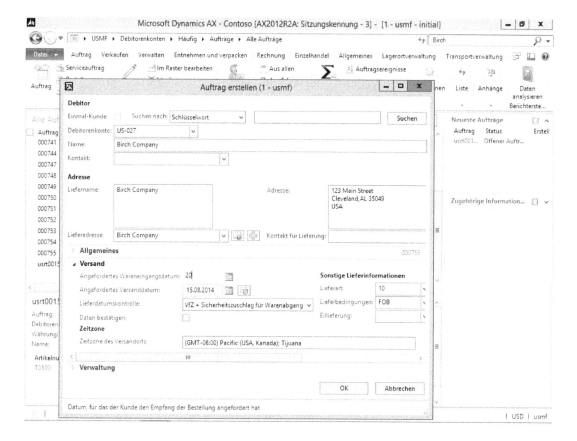

Tippe einen Tag ein im Datumsfeld z.b. "20" …

Nutze Kürzel zur Datumseingabe

Und es wird ersetzt mit dem Datum des aktuellen Monats

Nutze Kürzel zur Datumseingabe

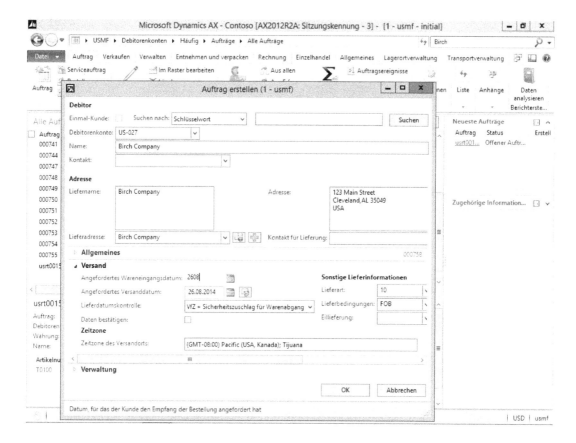

Tippe eine Tag und Monats Kombination (z.B. "DDMM") im Datumsfeld ein ...

Nutze Kürzel zur Datumseingabe

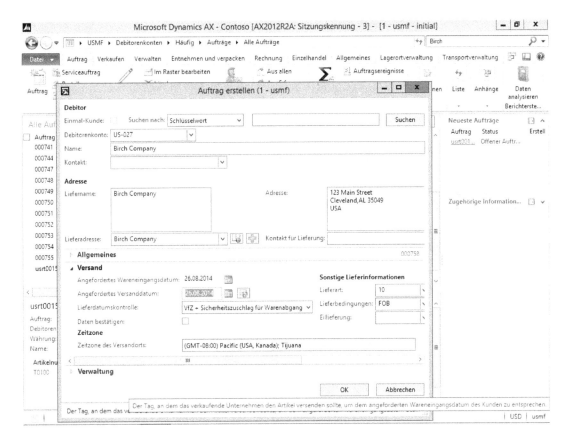

Und es wird ersetzt mit Tag und Monat für das aktuelle Jahr

Nutze Kürzel zur Datumseingabe

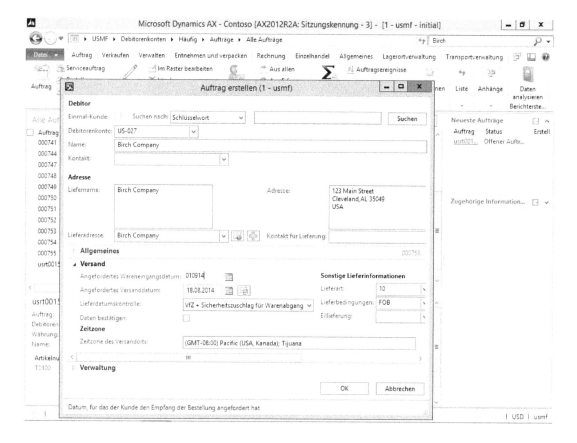

Tippe eine Tag, Monats und Jahr Kombination (z.B. "DDMMYY") im Datumsfeld ein ...

Nutze Kürzel zur Datumseingabe

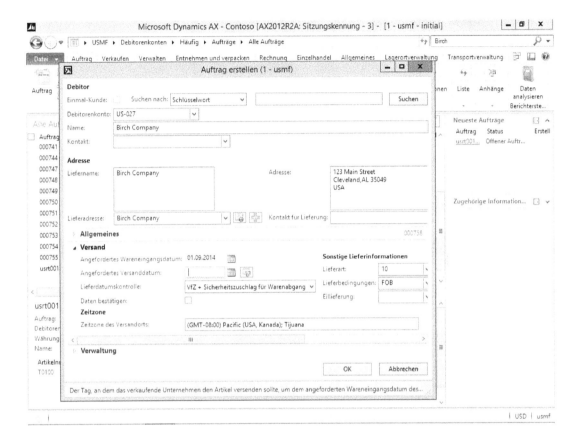

Und es wird ersetzt mit dem vollen Datum, welches dem Kürzel entspricht.

Lass Dynamics AX den letzten Tag eines Monats kalkulieren

Es gibt eine Menge kleine Funktionen innerhalb Dynamics AX, die Ihnen Zeit und Mühe ersparen, indem Ihnen Dynamics AX Berechnungen abnimmt, die Sie ansonsten erledigen müßten. Ein Beispiel dafür ist die Eingabe von Datumsangaben. Wenn Sie schon einmal das Datum am Ende eines Monats eingeben mußten, und Ihre Arbeit unterbrechen mußten, weil Sie nicht wußten, ob das Monat 28, 29, 30 oder 31 Tage hat. Das nächste Mal geben Sie das Datum 31 ein und Dynamics AX wird das Datum mit dem richtigen Wert einsetzen.

Lass Dynamics AX den letzten Tag eines Monats kalkulieren

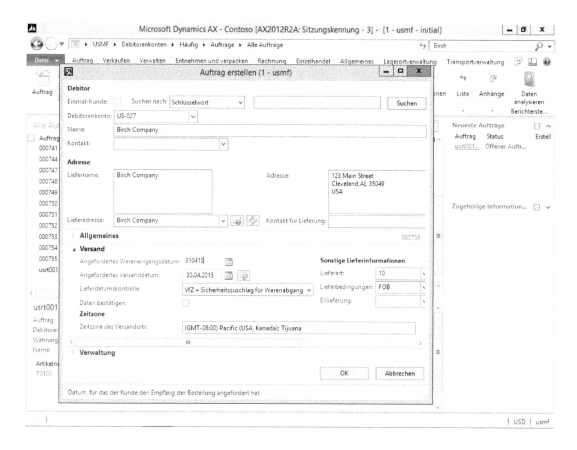

Tippe das Monatsende-Datum 31 ein, z.B. 31.04.2015

Lass Dynamics AX den letzten Tag eines Monats kalkulieren

Dynamics AX wird das Datum mit dem korrekten Datum (30.04.2015) aktualisieren.

Konfiguriere die Statusleiste um anzuzeigen, was gerade benötigt wird

Die Statusleiste innerhalb des Dynamics AX Clients ist dazu da, um Ihnen einen schnellen Überblick über einige Konfigurationsparameter zu geben, ohne das der Client mit zuviel Ballast versehen wird. Standardmäßig werden Ihnen vielleicht mehr Informationen angezeigt, als Sie benötigen. Wenn Sie die Dinge lieber aufgeräumt mögen und keine Informationen sehen möchten, die Sie nicht interessieren, dann möchten Sie sicherlich die Informationen, die in der Statusleiste angezeigt werden, über die System Optionen optimieren.

Wie meine Großmutter zu sagen pflegte …"Eine aufgeräumte Statusleiste ist wie ein aufgeräumter Geist"

Konfiguriere die Statusleiste um anzuzeigen, was gerade benötigt wird

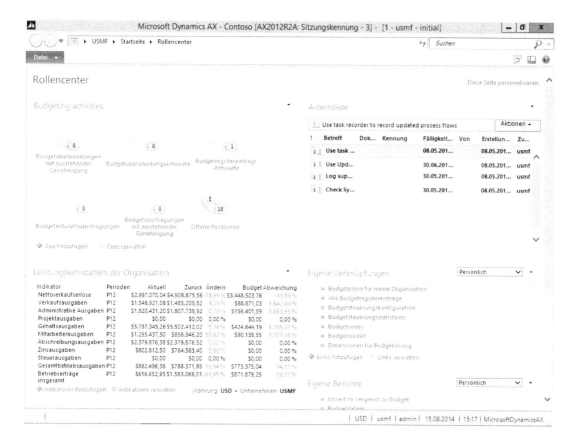

Standardmäßig werden eine Menge Informationen in der Statusleiste am unteren Rand der Maske angezeigt.

Konfiguriere die Statusleiste um anzuzeigen, was gerade benötigt wird

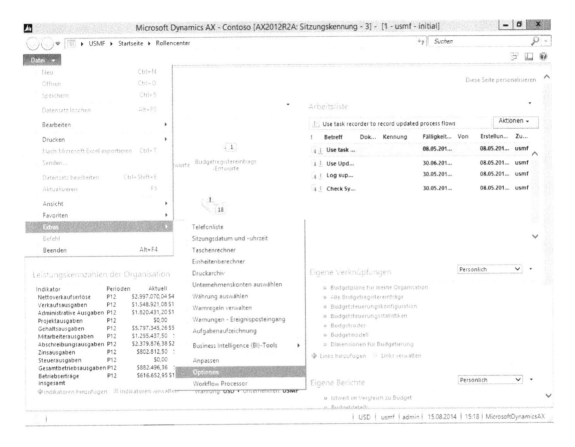

Um die Optionen der Statusleiste zu konfigurieren, klicken Sie auf den Menübefehl Datei, wählen das Untermenü Extras und anschließend den Menüpunkt Optionen.

Konfiguriere die Statusleiste um anzuzeigen, was gerade benötigt wird

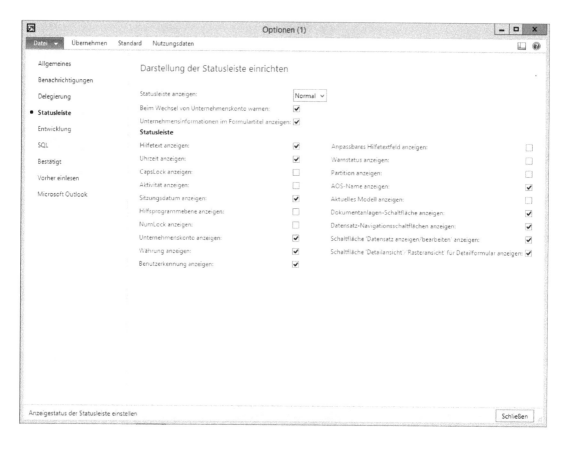

Wenn die Optionen Dialogbox angezeigt wird, können Sie alle Optionen sehen, die in der Statusleiste zur Anzeige gebracht werden können.

Konfiguriere die Statusleiste um anzuzeigen, was gerade benötigt wird

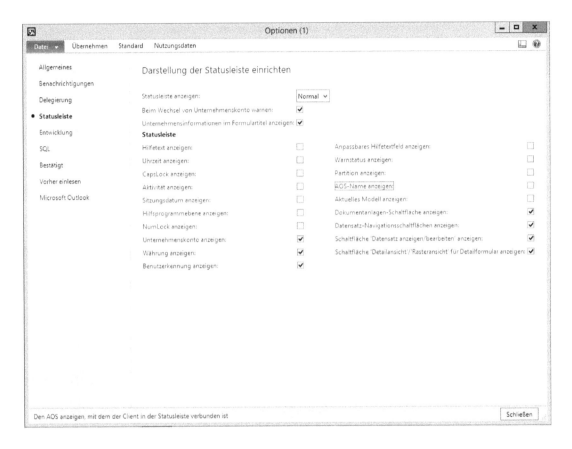

Sie können sich von allen Informationen, die Sie nicht sehen wollen, befreien und eventuell Elemente hinzufügen, die für Sie nützlich sind, indem Sie die entsprechenden Schaltflächen aktivieren oder deaktivieren.

Konfiguriere die Statusleiste um anzuzeigen, was gerade benötigt wird

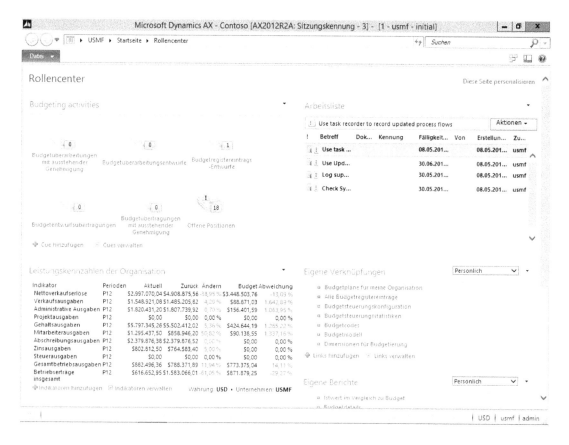

Jetzt zeigt sich die Statusleiste etwas aufgeräumter.

Konfiguriere die Statusleiste um anzuzeigen, was gerade benötigt wird

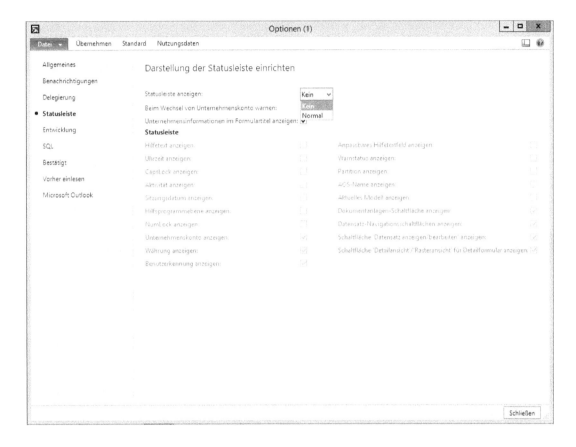

Falls Sie die Statusleiste überhaupt nicht sehen möchten, dann setzen Sie die Option Statusleiste anzeigen auf Kein.

Konfiguriere die Statusleiste um anzuzeigen, was gerade benötigt wird

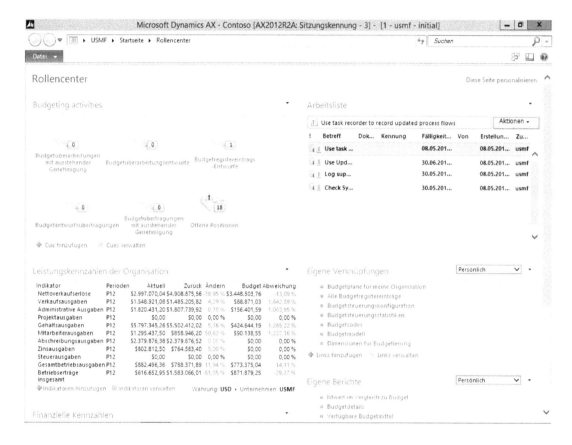

Das entfernt die Statusleiste und gibt Ihnen etwas mehr Raum auf den Bildschirm.

Lassen Sie sich von Dynamics AX sagen, ob eine Dokument angehängt ist

Die Möglichkeit, Dokumente an beinahe jeden Datensatz in Dynamics AX anzuhängen, bietet den großen Vorteil, all diese Dateien, die auf einem Netzwerk-Laufwerk oder in einem lokalen Ordner abgelegt sind, allen Mitarbeitern zur Verfügung zu stellen.

Sie können den Nutzen noch erhöhen wenn Sie in den Client Optionen einen Merker für Dokumentanhänge aktivieren, um AX mizuteilen, das Dokumentsymbol hervorzuheben, wenn Dokumente mit einem Datensatz verknüpft sind. Dann können Sie sofort erkennen, ob Dokumente vorhanden sind, die Sie öffnen können.

Lassen Sie sich von Dynamics AX sagen, ob eine Dokument angehängt ist

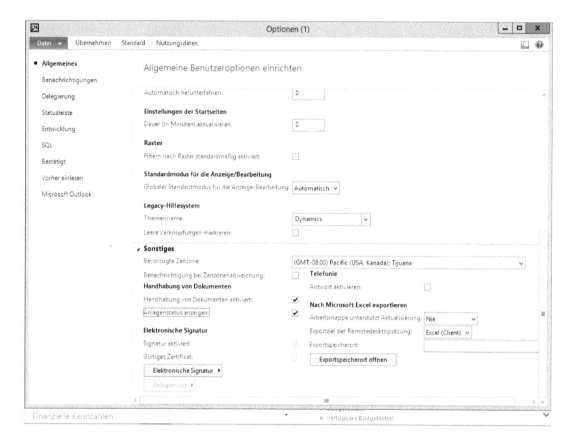

Klicken Sie auf den Menübefehl Datei, wähle das Untermenü Extras und anschließend den Menüpunkt Optionen.

Im Formular Optionen klicken Sie auf Allgemeines, scrollen zur Gruppe Sonstiges und setzen das Kontrollkästchen Handhabung von Dokumenten aktivieren auf Ja

Lassen Sie sich von Dynamics AX sagen, ob eine Dokument angehängt ist

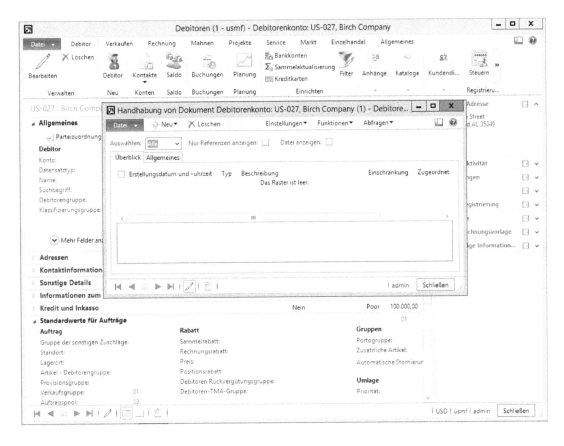

Wenn Sie nun einen Datensatz betrachten, wo kein Dokument angehängt ist, wird das Symbol für Anhänge im Fuß der Maske dargestellt wie immer.

Lassen Sie sich von Dynamics AX sagen, ob eine Dokument angehängt ist

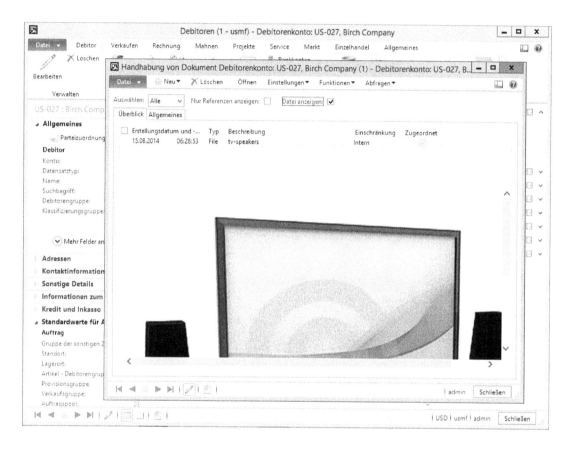

Wenn jedoch ein Dokument mit dem Datensatz verküpft ist, wird das Symbol in der Statusleiste am unteren Rand des Formulars hervorgehoben.

Mache Dynamics AX weniger gesprächig durch Abschalten der Infolog Meldung

Wenn man mit Dynamics AX startet ist es eine gute Sache, das eventuelle Probleme gemeldet werden. Aber wenn man mit dem System schon etwas vertraut ist, möchte man nur noch Fehlermeldungen angezeigt bekommen, an denen man interessiert ist. Man möchte nicht jedesmal die Infolog Box schließen müssen, nur weil man einen neuen Journaleintrag erzeugt hat.

Glücklicherweise gibt es eine Einstellung, mit der die Detailebene eingestellt werden kann, die Dynamics AX mit Ihnen teilt. Sie können AX mitteilen, dass Sie Alle, Nur Fehler oder Keine Meldungen bei Transaktionen angezeigt bekommen wollen. Es erleichtert Ihnen die Arbeit, wenn nicht ständig Meldungsboxen erscheinen.

Mache Dynamics AX weniger gesprächig durch Abschalten der Infolog Meldung

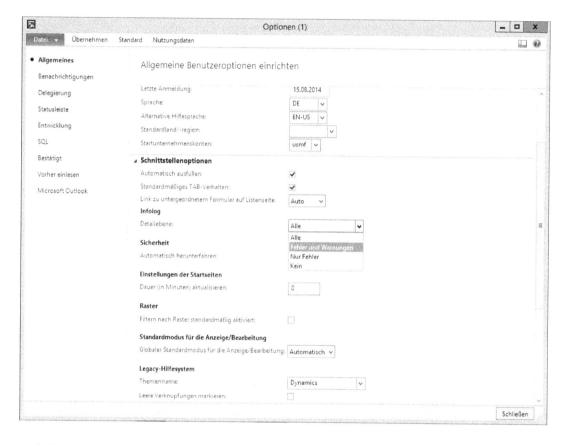

Klicken Sie auf den Menübefehl Datei, wählen das Untermenü Extras und anschließend den Menüpunkt Optionen.

Innerhalb der Kartei Allgemeines können Sie die Detailebene der Meldungen ändern, indem Sie im Feld Detailebene die Auswahlliste öffnen.

Beachte: Es ist keine so gute Idee, die Option Kein zu wählen, da Fehlermeldungen nicht gemeldet werden, und Sie nicht nachvollziehen können, warum irgendein Vorgang nicht beendet werden kann. Die Auswahl Nur Fehler ist eine gute Wahl bei fortgeschrittenen Usern.

Wenn Sie die Detailebene ausgewählt haben, klicken Sie auf den Schließen Schaltknopf, um die Änderungen zu speichern.

Unterbinde die ständigen Warnungen beim Wechsel eines Mandanten

Wenn Sie mehrere Mandanten in Dynamics AX angelegt haben, werden Sie bereits auf die Infolog Box gestoßen sein, die jedesmal anzeigt, dass Dynamics AX von einem Mandanten zum anderen gewechselt ist. Am Anfang ist es nützlich, aber nach fünf, sechs oder hundertmal wird es störend, da Sie inzwischen wissen, in welchem Mandanten Sie sich befinden.

Es gibt einen Merker, um diese Meldung zu unterdrücken.

Unterbinde die ständigen Warnungen beim Wechsel eines Mandanten

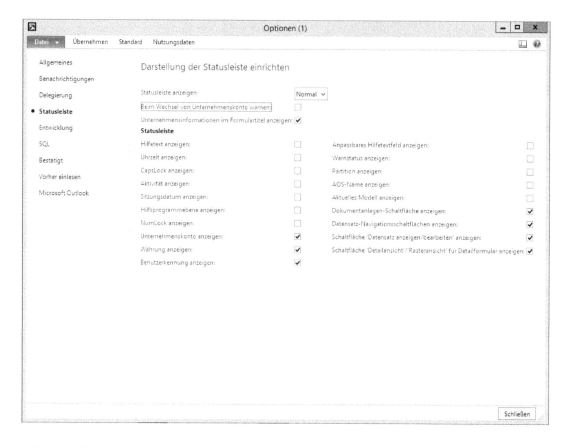

Klicken Sie auf den Menübefehl Datei, wählen das Untermenü Extras und anschließend den Menüpunkt Optionen.

Wenn die Optionen Dialogbox angezeigt wird, wählen Sie auf der linken Seite die Kartei Statusleiste.

Dann deaktivieren Sie das Kontrollkästchen Beim Wechsel von Unternehmenskonto warnen.

Dann klicken Sie den Schließen Button.

Unterbinde die ständigen Warnungen beim Wechsel eines Mandanten

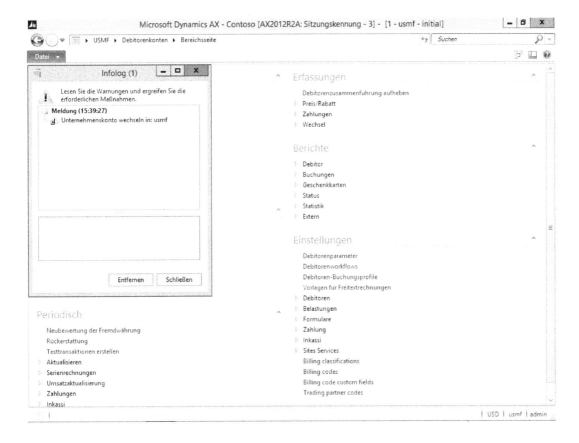

Ab jetzt wird diese ärgerliche Meldung nicht mehr angezeigt.

FUNKTIONALE TRICKS

Dynamics AX beinhaltet eine Menge Funktionalität, aber das kann nur der Ausgangspunkt sein. Es sind eine Menge Features zur Unterstützung der Kernfunktionen in der Applikation vorhanden. Sie müssen nur wissen, was Sie bedeuten.

In diesem Kapitel werden wir Ihnen zeigen, wie mit Hilfe eines Workflows Genehmigungsabläufe optimiert, Anfragen zu Problemen verwaltet, das Printmanagement zur Bereitstellung von Dokumenten automatisiert, Portale für die Zusammenarbeit mit Partnern eingerichtet sowie Erfassungsformulare zur Vereinfachung der Produktion gehandhabt werden.

Ergänze Genehmigungs-Workflows zum Hauptbuch Journal

Workflows sind an mehreren Stellen innerhalb von Dynamics AX verfügbar, und sie bieten eine hervorragende Möglichkeit, um Dinge von den richtigen Personen fristgerecht zu bekommen , und dass die Personen sehen, was Sie zu tun haben, da nur die Aufgaben Ihnen zugewiesen werden, für die Sie zuständig sind. Ein Beispiel dazu ist, dass Sie für jedes Hauptbuch Journal einen Genehmigungs-Workflow erstellen können, um sicherzustellen, dass niemand ein Journal bucht, ohne das es vorher überprüft wurde.

Jeder scheint bei Workflows anfangs etwas eingeschüchtert zu sein – wahrscheinlich weil Sie denken, dass Programmcode geschrieben und ein Entwickler hinzugezogen werden muß, um den Workflow aufzusetzen. Das entspricht nicht der Wahrheit. Einen Workflow zu konfigurieren ist so einfach wie das Auflegen eines Diagramms, mit dem beschrieben wird, was getan werden soll.

Ergänze Genehmigungs-Workflows zum Hauptbuch Journal

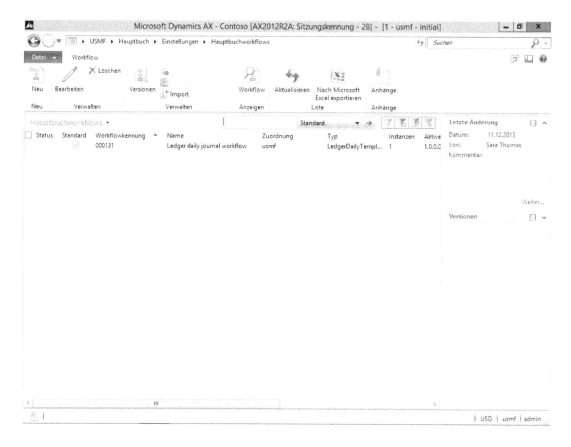

Bevor ein Journal genehmigt werden kann, müssen wir einen Workflow erstellen, den wir für den Genehmigungsprozess benötigen. Deswegen ist es erforderlich, innerhalb des Bereichs Einstellungen im Hauptbuch das Hauptbuchworkflow-Formular zu öffnen.

Klicken Sie die Neu Schaltfläche innerhalb der Workflow Funktionsleiste.

Ergänze Genehmigungs-Workflows zum Hauptbuch Journal

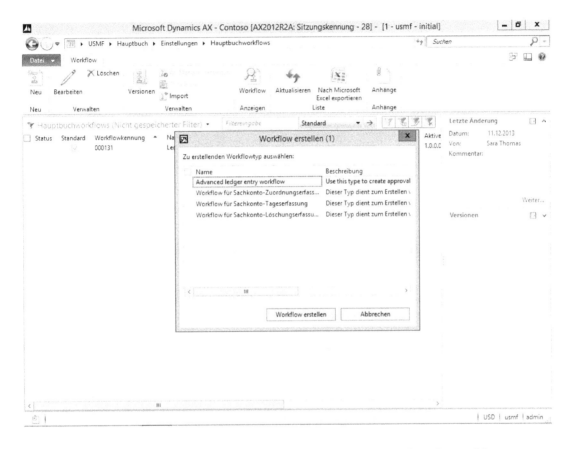

Wenn die Workflow Dialogbox angezeigt wird, wählen Sie Workflow für Sachkonto-Tageserfassung aus - wir werden einen Workflow für den Journaltyp Täglich erstellen – und dann klicken Sie den Button Workflow erstellen.

Ergänze Genehmigungs-Workflows zum Hauptbuch Journal

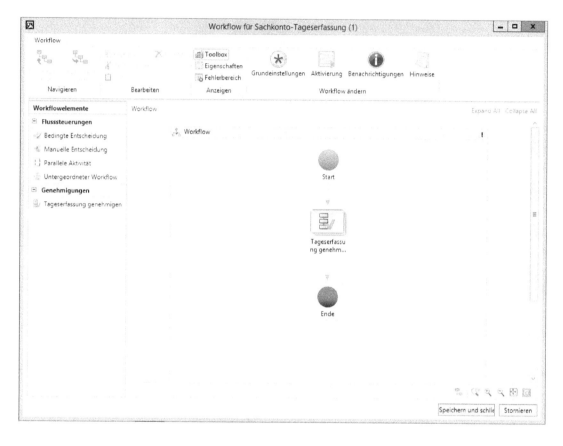

Wenn der Designer angezeigt wird, ziehen Sie den Befehl Tageserfassung genehmigen in die Arbeitsfläche und verbinden Sie ihn mit dem Start- und Endknoten, um einen einfachen Genehmigungs-Workflow zu erstellen.

Einige zusätzliche Informationen sind noch erforderlich. Mindestens einem Benutzer sollten Anweisungen des Genehmigungs-Workflow zugeordnet werden, und es ist außerdem ratsam, dem Knoten eine Beschreibung hinzuzufügen. Aber wenn Sie den Meldungs- und Warnbereich betrachten, wird Ihnen unmittelbar angezeigt, welche Aktionen durchgeführt werden müssen. Klicken Sie dazu auf den Menüpunkt Fehlerbereich.

Wenn Sie das getan haben, klicken Sie auf Speichern und Schließen. Anschließend aktivieren Sie den Workflow, damit er innerhalb von Dynamics AX verwendet werden kann.

Ergänze Genehmigungs-Workflows zum Hauptbuch Journal

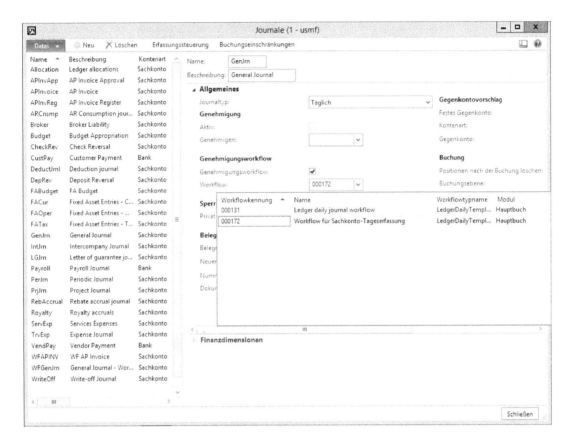

Jetzt öffnen Sie die Journal-Erstellungsmaske innerhalb des Ordners Erfassungen in den Hauptbuch Einstellungen.

Wählen Sie das Journal aus, das mit Hilfe des Workflows, den Sie soeben gestaltet haben, gesteuert werden soll. Innerhalb der Gruppe Genehmigungsworkflow aktivieren Sie das Kontrollkästchen Genehmigungsworkflow, öffnen Sie anschließend die Auswahlliste im Feld Workflow, und wählen Sie die Workflow-Vorlage aus, die Sie vorher erstellt haben.

Ergänze Genehmigungs-Workflows zum Hauptbuch Journal

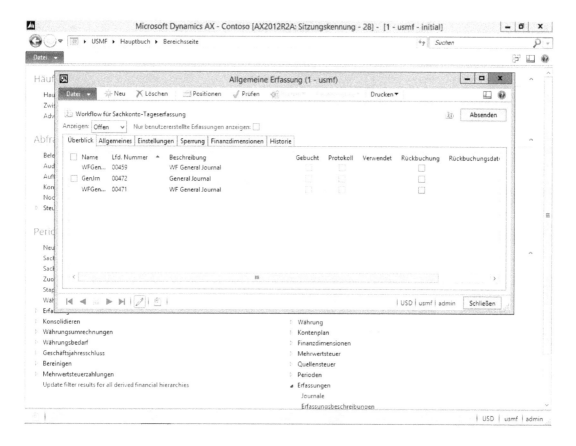

Wenn Sie nun einen Hauptbuch Journaleintrag erstellen für den Journaltyp, dem Sie gerade einen Workflow zugewiesen haben, wird die Option Buchen verdeckt, und es wird stattdessen ein Absenden Schaltknopf angezeigt, auf den man klicken kann, um den Workflow anzustoßen.

Ergänze Genehmigungs-Workflows zum Hauptbuch Journal

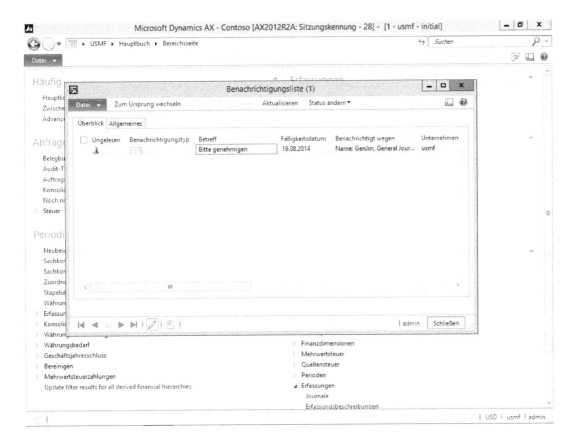

Der Benutzer, der für die Genehmigung des Workflows zuständig ist, wird benachrichtigt entweder durch einen Alarm, einen Hinweis oder eine Email – abhängig von den Benachrichtigungseinstellungen, die Sie im Workflow hinterlegt haben.

Ergänze Genehmigungs-Workflows zum Hauptbuch Journal

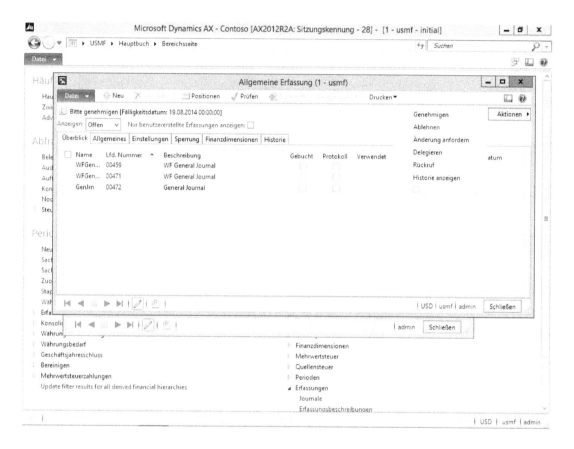

Wenn Sie den Menüpunkt Zum Ursprung wechseln anklicken, führt Sie die Benachrichtigung unmittelbar zu dem Datensatz, der genehmigt werden muß, und wenn Sie auf den Aktionen button klicken, erscheinen mehrere Aktionen zur Auswahl, die man dem Journal zuweisen kann. Um die Erlaubnis zur Buchung des Journals zu erteilen, brauchen Sie nur den Menüpunkt Genehmigen auszuwählen.

Ergänze Genehmigungs-Workflows zum Hauptbuch Journal

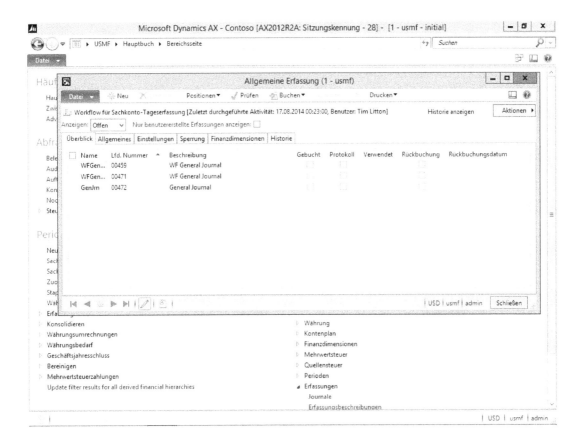

Sobald das Journal genehmigt ist , kann es gebucht werden, und die einzige Option, die für den Benutzer jetzt noch verfügbar ist , ist die Aktion Historie anzeigen.

Ergänze Genehmigungs-Workflows zum Hauptbuch Journal

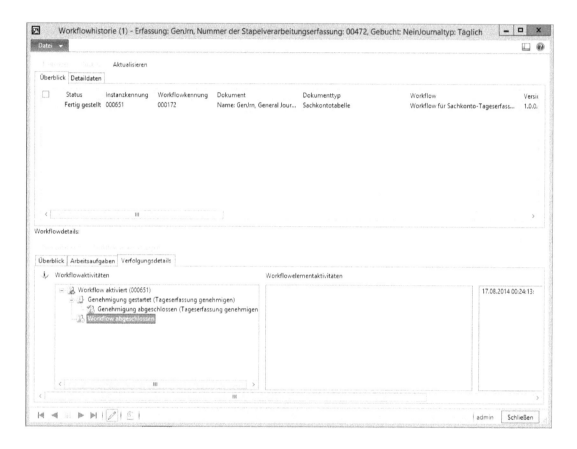

Dies gestattet dem Benutzer, die komplette Historie des Workflow-Genehmigungsprozesses einzusehen und auch sämtliche Kommentare, die während des Absenden und Genehmigungsvorgangs gemacht wurden.

Benutze Anfragen (Cases), um Probleme und Reklamationen der Kunden aufzuzeichnen

Mit dem Release 2012 von Dynamics AX wurde die neue Funktion "Cases" (Anfragen) eingeführt, die die Erstellung von Anfragen für irgendeinen Vorgang erlaubt, die für Ihr Geschäft von besonderer Bedeutung sind. Sie können der Anfrage Dateien zuordnen, Aktivitäten aufzeichnen sowie Workflows und Geschäftsprozesse erstellen, mit denen der Fortschritt einer Anfrage aufgezeichnet wird, so dass Anfragen nicht wie bei der alten Papiermethode liegen bleiben oder gar verschwinden.

Eine Möglichkeit, um Anfragen (Cases) zu nutzen, ist das Aufzeichnen von Problemen und Reklamationen von Kunden, da Anfragen direkt innerhalb der Hauptformulare von Dynamics AX erstellt werden können.

Benutze Anfragen (Cases), um Probleme und Reklamationen der Kunden aufzuzeichnen

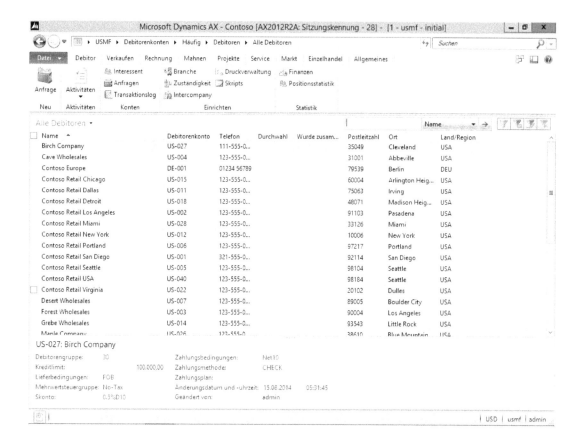

Um eine neue Anfrage unmittelbar von der Kunden Listenseite zu erstellen, klicken Sie auf den Menüpunkt Anfrage Neu in der Funktionsleiste Allgemeines.

Benutze Anfragen (Cases), um Probleme und Reklamationen der Kunden aufzuzeichnen

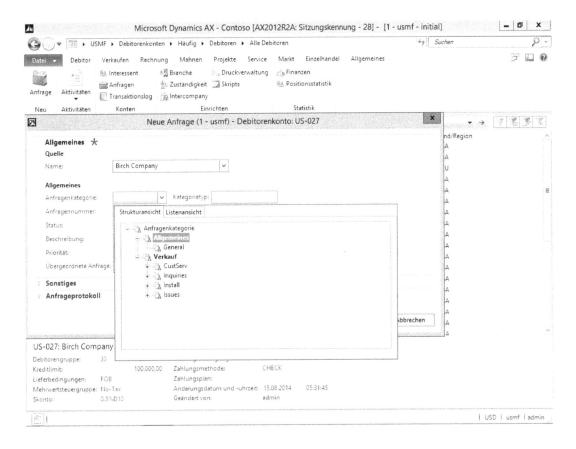

Wenn die neue Anfrage Dialogbox angezeigt wird, wählen Sie über den Auswahllistenbaum der Anfragekategorie den Anfragetyp aus. Dieser Baum kann vom Benutzer gänzlich konfiguriert werden, und er kann soviele Ebenen und Gruppierungen besitzen wie notwendig.

Beachte: Der Name wird automatisch mit dem Kundendatensatz verknüpft, da die Anfrage von dieser Stelle aus angestoßen wurde.

Benutze Anfragen (Cases), um Probleme und Reklamationen der Kunden aufzuzeichnen

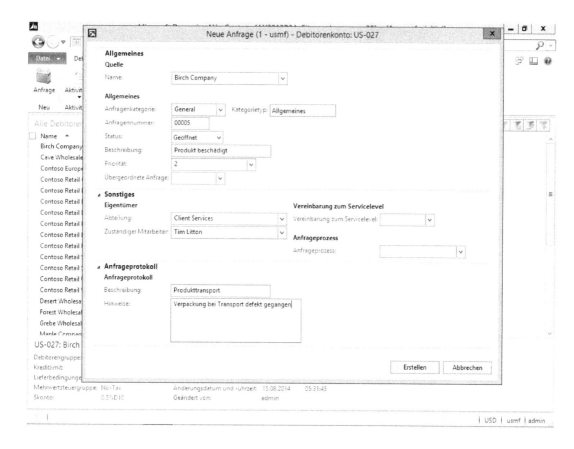

Ergänzen Sie alle benötigten Informationen, einschließlich die Abteilung, der die Anfrage zugewiesen wird, den zuständigen Mitarbeiter sowie eine Beschreibung und Hinweise, die der Anfrage beigefügt werden sollen.

Benutze Anfragen (Cases), um Probleme und Reklamationen der Kunden aufzuzeichnen

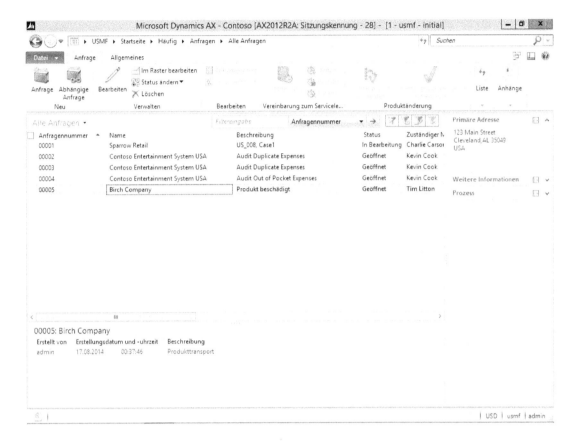

Jetzt wird die Anfrage im System aufgezeichnet, und der Benutzer hat die Möglichkeit, sämtliche berichteten Vorfälle gefiltert nach Produkt und Kunden anzusehen.

Benutze Anfragen (Cases), um Probleme und Reklamationen der Kunden aufzuzeichnen

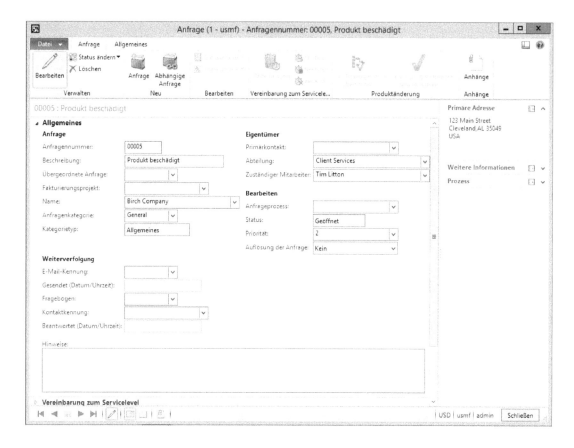

Es können viele zusätzliche Details zur Anfrage aufgezeichnet werden, einschließlich eine unbegrenzte Anzahl an Hinweisen und Kommentare.

Verknüpfe Fachartikel (Knowledgebase), um Kunden Anfragen zu lösen

Es gibt in der Regel kein Patentrezept, wenn Anfragen zu Kundenreklamationen gelöst werden müssen. Aber oftmals ist eine Bibliothek an Lösungsvorschlägen vorhanden, die in der Vergangenheit funktionierten, und die als erstes herangezogen werden. Dynamics AX gestattet Ihnen, diese Dokumente als Fachartikel zu speichern und sie als Vorlage mit der Anfrage zu verknüpfen, so dass sie bei Bedarf zur Verfügung stehen, sobald eine vergleichbare Situation eintreten sollte.

Wenn Sie das machen, werden Sie immer gut vorbereitet sein, um auch die kniffligsten Fragen Ihrer Kunden beantworten zu können, ohne sich durch einen Dateiordner quälen zu müssen oder einen Kollegen kontaktieren zu müssen auf der Suche nach einem bestimmten Dokument.

Verknüpfe Fachartikel (Knowledgebase), um Kunden Anfragen zu lösen

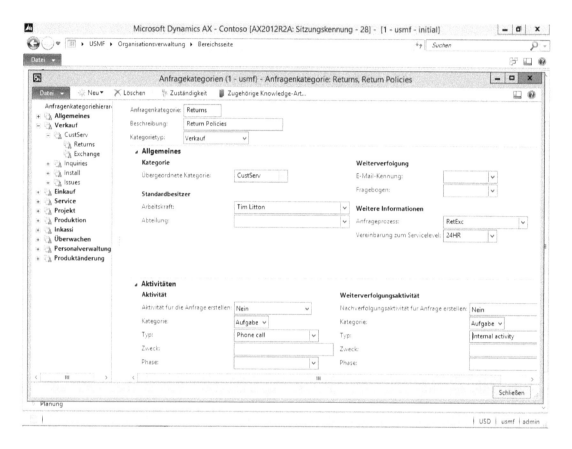

Innerhalb der Eingabemaske zur Erstellung von Anfragekategorien wählen Sie die Anfragekategorie aus, die Sie mit einem Fachartikel (Knowledgebase) verknüpfen möchten, und klicken Sie auf die Taste Zugehörige Knowledge-Artikel in der Menüleiste. Die Anfragekategorien finden Sie im Modul Organisationsverwaltung im Bereich Einstellungen.

Verknüpfe Fachartikel (Knowledgebase), um Kunden Anfragen zu lösen

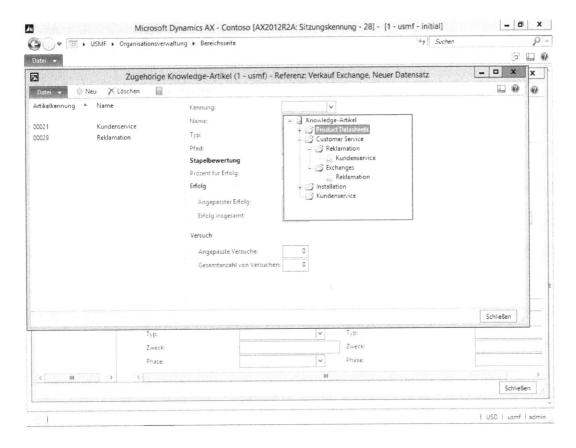

Wenn die Maske angezeigt wird, können Sie neue Fachartikel aus Ihrer Bibliothek hinzufügen, die Ihnen eventuell helfen, die Anfrage zu lösen.

Verknüpfe Fachartikel (Knowledgebase), um Kunden Anfragen zu lösen

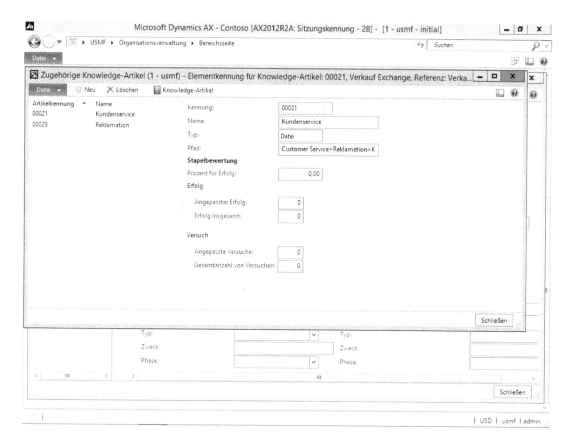

Wenn Sie alle Fachartikel ausgewählt haben, die Ihnen geeignet erscheinen, dann schließen Sie die Dialogbox und verlassen das Anfragekategorie Formular.

Verknüpfe Fachartikel (Knowledgebase), um Kunden Anfragen zu lösen

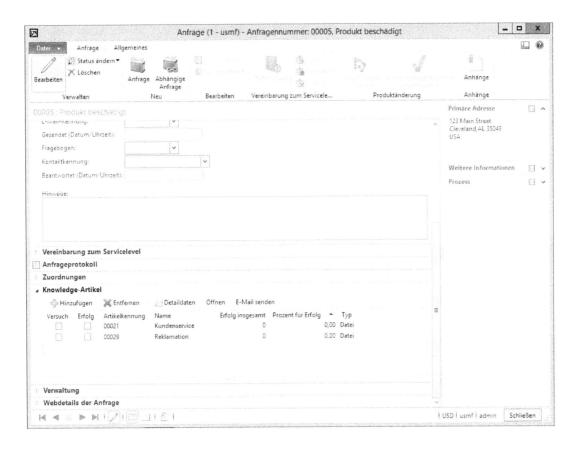

Wenn Sie nun eine Anfrage erstellen, der Fachartikel zugewiesen sind, werden diese automatisch in der Anfrage Eingabemaske angezeigt.

Verknüpfe Fachartikel (Knowledgebase), um Kunden Anfragen zu lösen

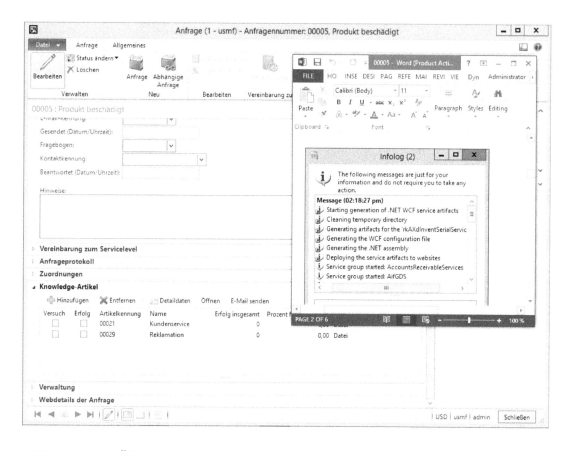

Klicken Sie auf Öffnen und das Referenz-Dokument wird angezeigt.

Verknüpfe Fachartikel (Knowledgebase), um Kunden Anfragen zu lösen

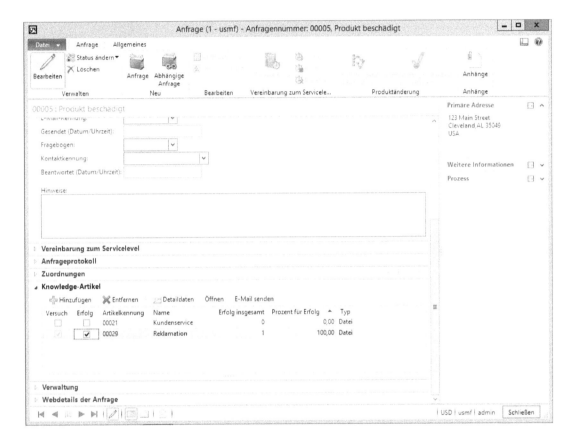

Und Sie können auch aufzeichnen, ob Sie den Artikel geöffnet haben (Versuch), und ob er hilfreich war (Erfolg), damit Sie oder Ihre Kollegen sehen können, ob Sie mit Hilfe des Artikels Ihre Aufgabenstellung lösen konnten.

Bewältige Engineering Änderungsanweisungen mit Hilfe von Anfragen

Mit dem CU7 Release von Dynamics AX 2012 wurde eine neue Anfragekategorie hinzugefügt – bezeichnet als Produktänderung. Diese Anfrage Funktionalität ist auch der Produktinformationsverwaltung hinzugefügt worden, um ein Erstellen und Ergänzen von Anfragen zu den Freigegeben Produkten, Arbeitsplänen und Stücklisten zu erlauben. Außerdem wurde das Case Management erweitert, um Verwendungs-(Where-Used-)Analysen für Artikel durchzuführen sowie ausgewählte Produkte der Produktänderung hinzuzufügen.

Was für eine hervorragende Möglichkeit, um Produktänderungen zu managen.

Bewältige Engineering Änderungsanweisungen mit Hilfe von Anfragen

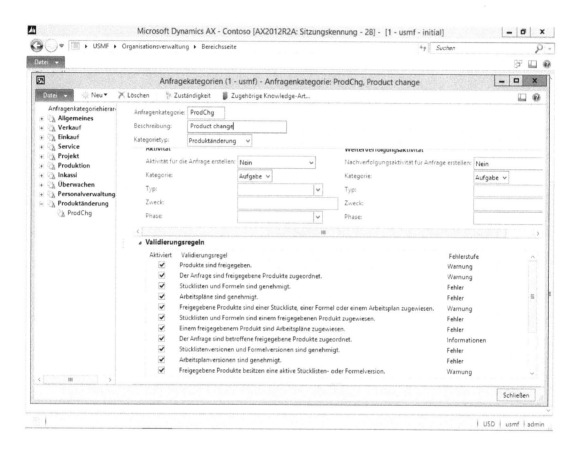

Zuerst müssen Sie die Eingabemaske Anfragekategorien aufrufen und eine neue Anfragekategorie mit dem Kategorietyp Produktänderung hinzufügen.

Bewältige Engineering Änderungsanweisungen mit Hilfe von Anfragen

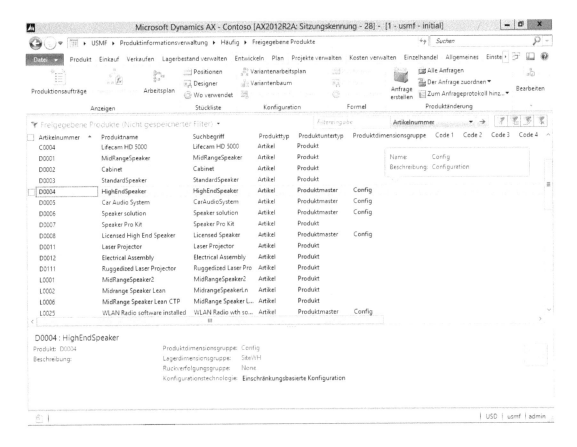

In den Freigegebenen Produkten können Sie die neue Gruppe Produktänderung innerhalb der Entwickler Funktionsleiste erkennen, die Ihnen erlaubt, Produktänderungsanfragen zu erstellen.

Bewältige Engineering Änderungsanweisungen mit Hilfe von Anfragen

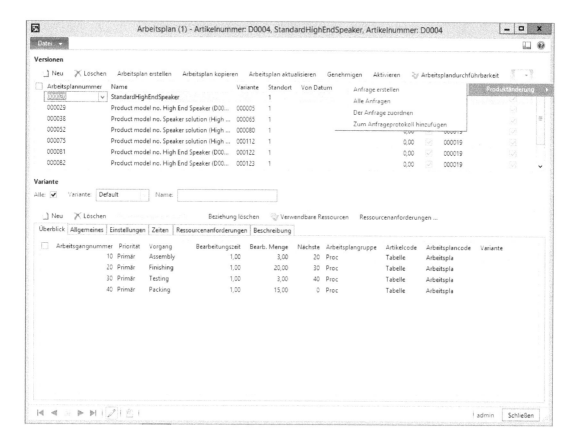

Wenn Sie die Arbeitspläne betrachten, können Sie sehen, dass ein neuer Menüpunkt Produktänderung zur Erstellung von Produktänderungsanfragen ergänzt wurde.

Bewältige Engineering Änderungsanweisungen mit Hilfe von Anfragen

Auch im Stücklisten Formular können Sie den neuen Menüpunkt Produktänderung sehen.

Bewältige Engineering Änderungsanweisungen mit Hilfe von Anfragen

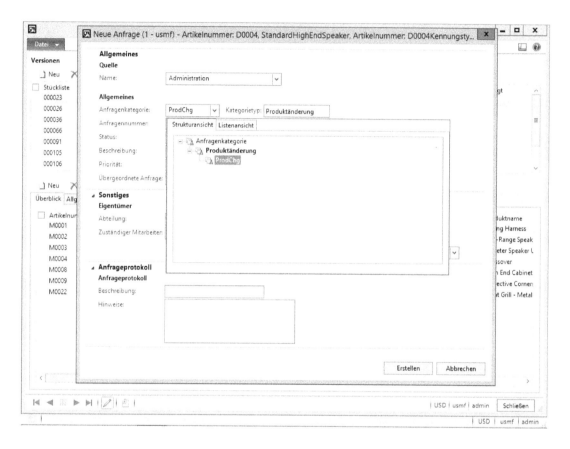

Wenn Sie Anfrage erstellen im Produktänderungs-Auswahlmenü klicken, können Sie eine neue Anfrage erstellen und eine Produktänderungs-Kategorie auswählen, die Sie definiert haben.

Bewältige Engineering Änderungsanweisungen mit Hilfe von Anfragen

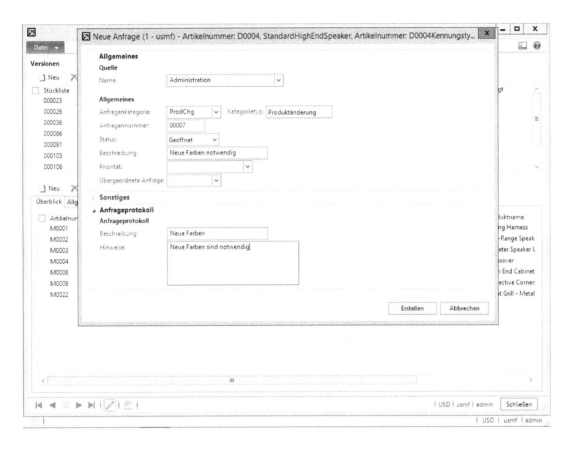

Sie können dann die Felder Beschreibung und Hinweise der Produktänderungsanfrage ausfüllen. Wenn Sie das getan haben, klicken Sie auf Erstellen.

Bewältige Engineering Änderungsanweisungen mit Hilfe von Anfragen

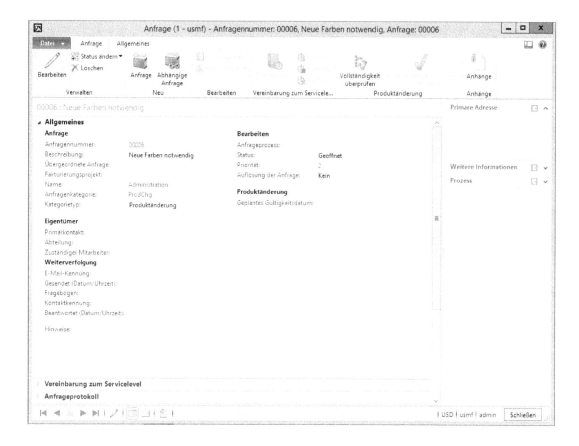

Nun haben Sie eine Anfrage erstellt, um eine Aufforderung zur Produktänderung aufzuzeichnen.

Bewältige Engineering Änderungsanweisungen mit Hilfe von Anfragen

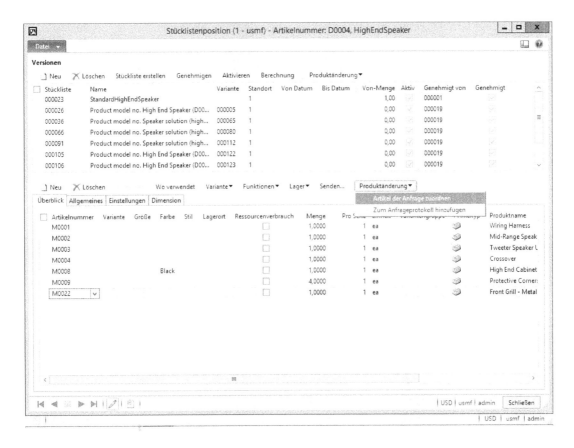

Wenn Sie einen Artikel der Produktänderungsanfrage zuordnen wollen, dann wählen Sie den entsprechenden Stücklistenartikel aus und klicken im Produktänderungs-Auswahlmenü Artikel der Anfrage zuordnen an.

Bewältige Engineering Änderungsanweisungen mit Hilfe von Anfragen

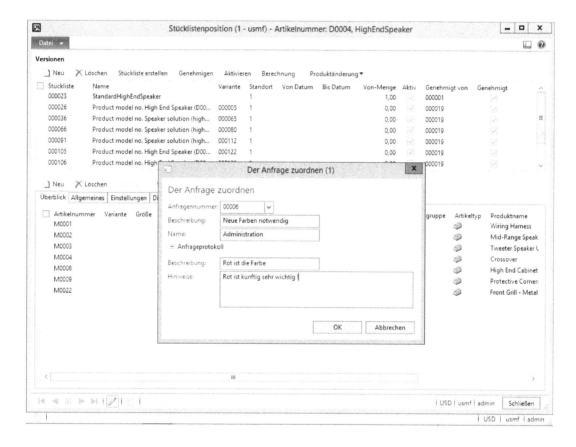

Sie wählen die Anfragenummer aus, der Sie den Artikel zuordnen wollen, und ergänzen Hinweise, die weitergereicht werden sollen.

Bewältige Engineering Änderungsanweisungen mit Hilfe von Anfragen

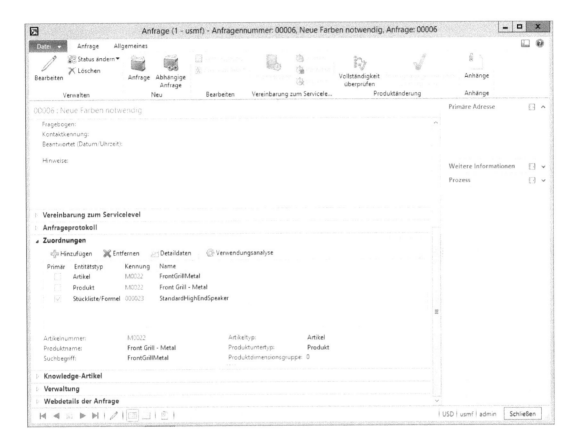

Wenn Sie jetzt die Produktänderungsanfrage betrachten, können Sie erkennen, dass Stückliste und Artikel Ihr zugeordnet sind.

Wenn Sie den Artikel auswählen, dann haben Sie die Möglichkeit, den Schaltknopf Verwendungsanalyse zu klicken, um alle zugeordneten Produkte und Stücklisten zu finden, die den Artikel verwenden.

Bewältige Engineering Änderungsanweisungen mit Hilfe von Anfragen

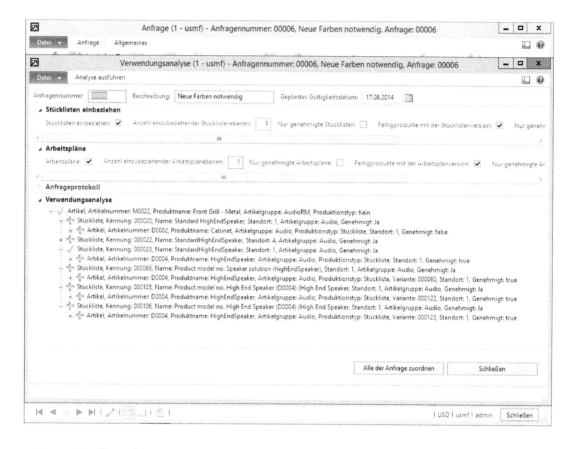

Wenn Sie alle anderen Stücklisten in die Produktänderungsaufforderung einschließen wollen, dann brauchen Sie nur im Fuß des Formulars den Schaltknopf Alle der Anfrage zuordnen klicken.

Bewältige Engineering Änderungsanweisungen mit Hilfe von Anfragen

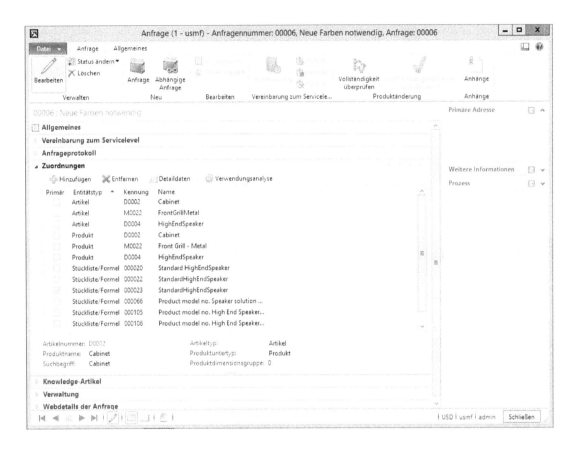

Wenn Sie nun zur Anfrage zurückkehren, werden alle anderen Stücklisten hinsichtlich der Produktänderungsaufforderung aufgezeichnet.

Bei diesen Anfragen zur Produktänderung haben Sie selbstverständlich bei Bedarf alle Standard-Funktionalitäten zur Verfügung, wie Anfrageprozess und Workflows, um Ihnen beim Verwalten des Anfrageprozesses zu helfen.

How cool is that.

Nutze Druckverwaltung, um automatisch Dokumente an Kunden & Lieferanten zu versenden

Das Druckmanagement innerhalb Dynamics AX gestattet das Überschreiben der Standard Dokument Zieloptionen für Kunden und Lieferanten. Einer der Zielorte ist Email – Sie müssen nur die Email Adresse spezifizieren.

Das ermöglicht, dass AX automatisch alle Dokumente (z.B. Auftragsbestätigung, Bestellung, Rechnung etc.) per Email versendet, ohne das das Dokument erstellt, auf den Desktop gespeichert und dann manuell an eine Email für den Kunden angehängt werden muß.

Nutze Druckverwaltung, um automatisch Dokumente an Kunden & Lieferanten zu versenden

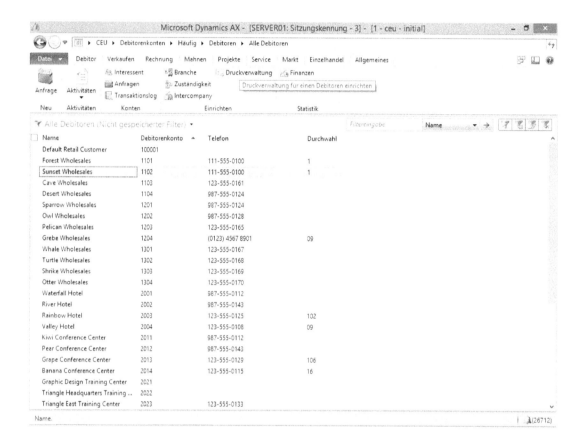

In der Debitorenmaske wählen Sie den Menüpunkt Druckverwaltung in der Funktionsleiste Allgemeines

Nutze Druckverwaltung, um automatisch Dokumente an Kunden & Lieferanten zu versenden

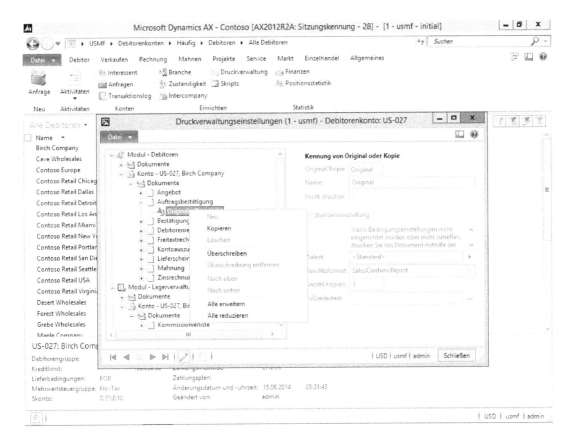

Klicken Sie die rechte Maustaste auf dem Dokument, dem Sie als Zielort eine Email Adresse zuweisen wollen, und wählen Sie im Kontextmenü die Option Überschreiben.

Nutze Druckverwaltung, um automatisch Dokumente an Kunden & Lieferanten zu versenden

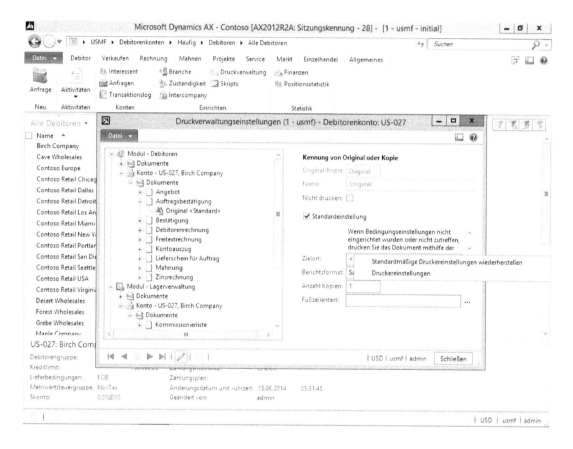

Dies gestattet es Ihnen, rechts vom Feld Zielort auf dem Pfeil zu klicken und die Druckereinstellungen anzuwählen.

Nutze Druckverwaltung, um automatisch Dokumente an Kunden & Lieferanten zu versenden

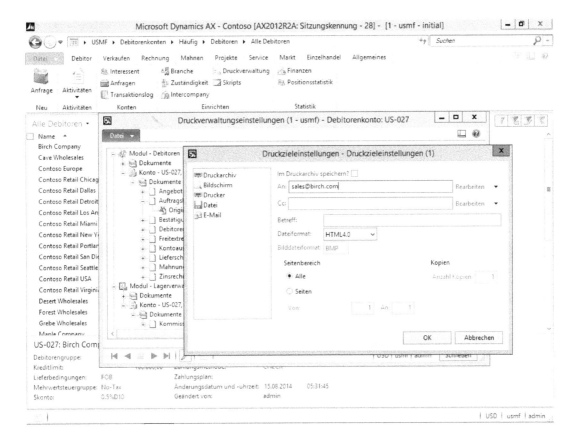

Wenn die Druckzieleinstellungen Dialogbox angezeigt wird, können Sie die Email Option auswählen und die Standard Email Adresse festlegen, an die künftig das Kundendokument gesendet werden soll.

Nutze Druckverwaltung, um automatisch Dokumente an Kunden & Lieferanten zu versenden

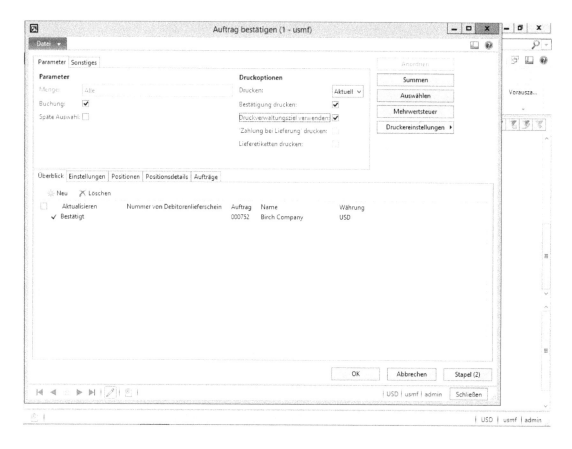

Wenn Sie jetzt eine Auftragsbestätigung drucken, wählen Sie Druckverwaltungsziel verwenden und die Standardeinstellungen, die im Debitorenstammdatensatz definiert wurden, werden sodann benutzt und Ihr Dokument wird automatisch an den Kunden gemailt.

Nutze Druckverwaltung, um automatisch Dokumente an Kunden & Lieferanten zu versenden

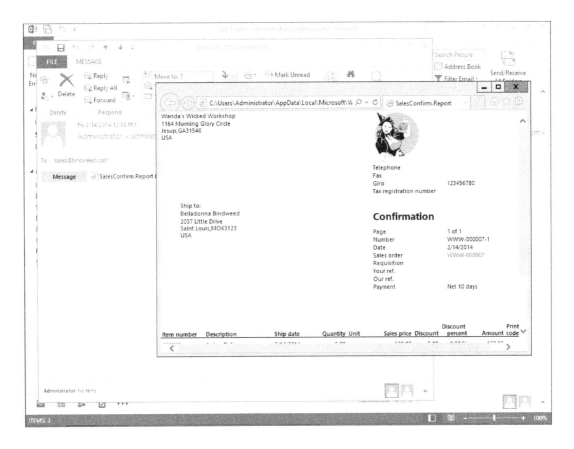

Ohne Ausschneiden und Einfügen – die Email ist gesendet.

Nutze Druckverwaltung, um Dokumente nach Verwendungszweck allen Kunden zu senden

Die Druckverwaltungsfunktion innerhalb von Dynamics AX erlaubt Ihnen zu spezifizieren, wie und wo Dokumente gesendet werden, und Sie können konfigurieren, dass Dokumente wie Auftragsbestätigungen automatisch an Kunden via Email gesendet werden. Mit dem CU7 Release von Dynamics AX 2012 wurde eine neue Funktion hinzugefügt, die diese Funktion viel nützlicher erscheinen läßt, da Sie eine allgemeinverbindliche Regel aufsetzen können, wo Sie festlegen, dass bei einem bestimmten Verwendungszweck eine Email gesendet wird, anstatt es für jedes Konto zu spezifizieren.

Wenn Sie so vorgehen, haben Sie eine Druckverwaltungsregel. Die Festlegung, wer die Email erhalten soll, erfolgt über die Kontaktinformationen im Debitorenstamm-datensatz.

Nutze Druckverwaltung, um Dokumente nach Verwendungszweck allen Kunden zu senden

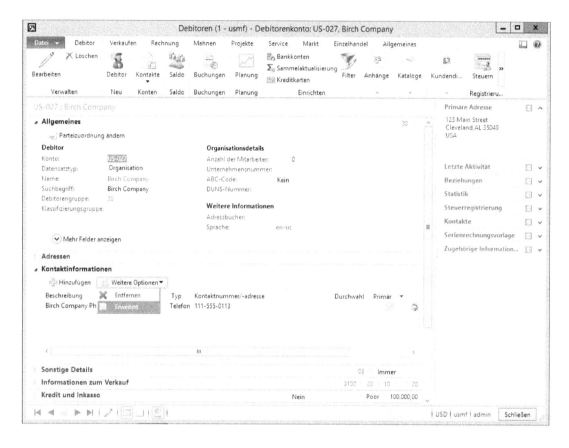

Im Debitorenstammdatensatz öffnen Sie das Register Kontaktinformationen und innerhalb der Menütaste Weitere Optionen wählen Sie den Menüpunkt Erweitert aus.

Nutze Druckverwaltung, um Dokumente nach Verwendungszweck allen Kunden zu senden

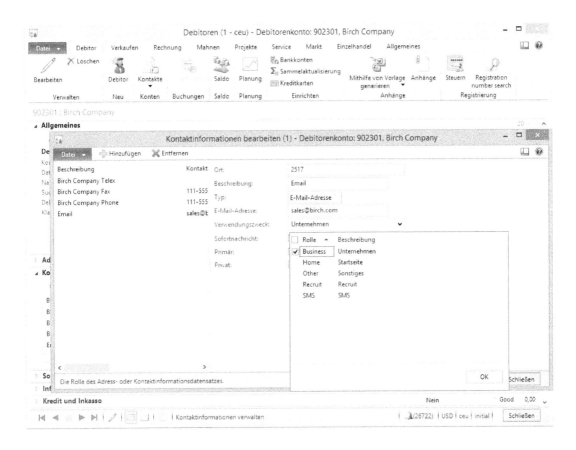

Wenn das Formular Kontaktinformationen angezeigt wird, wählen Sie die primäre Email Adresse aus, an die alle Dokumente gemailt werden sollen, und aus der Auswahlliste Verwendungszweck markieren Sie die Rolle Business und klicken dann OK.

Wenn Sie das beendet haben, klicken Sie Schließen, und verlassen Sie die Debitoren Eingabemaske.

Nutze Druckverwaltung, um Dokumente nach Verwendungszweck allen Kunden zu senden

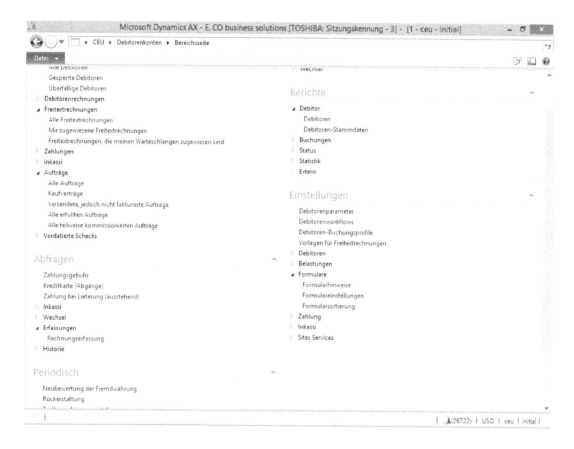

Wähle Formulareinstellungen innerhalb des Ordners Formulare unter Debitoren Einstellungen.

Nutze Druckverwaltung, um Dokumente nach Verwendungszweck allen Kunden zu senden

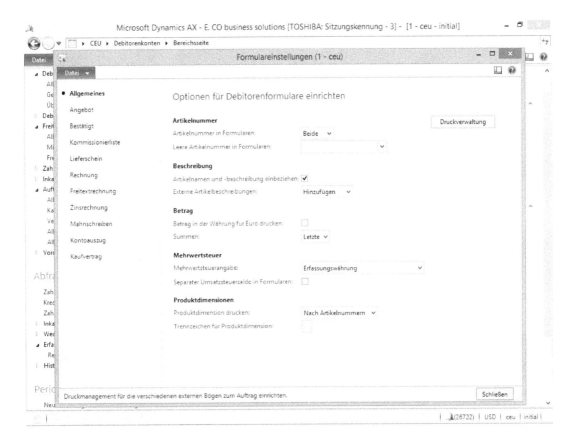

Wenn die Dialogbox Formulareinstellungen angezeigt wird, klicken Sie auf Druckverwaltung in der Kartei Allgemeines.

Nutze Druckverwaltung, um Dokumente nach Verwendungszweck allen Kunden zu senden

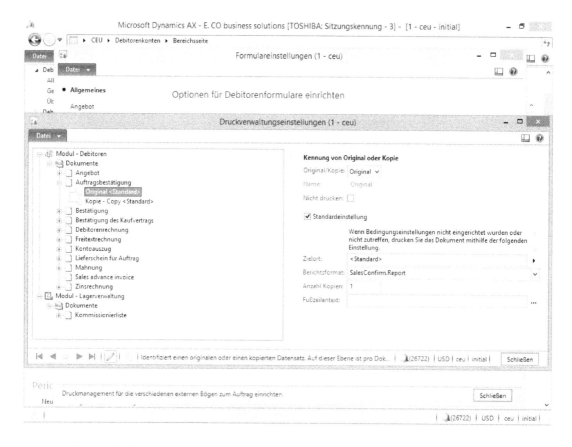

Wenn die Dialogbox Druckverwaltungseinstellungen angezeigt wird, wähle das Dokument, das Sie automatisch basierend auf den Kontaktinformationen in den Debitorenstammdaten senden möchten, und dann klicken Sie auf die > Taste rechts vom Feld Zielort.

Nutze Druckverwaltung, um Dokumente nach Verwendungszweck allen Kunden zu senden

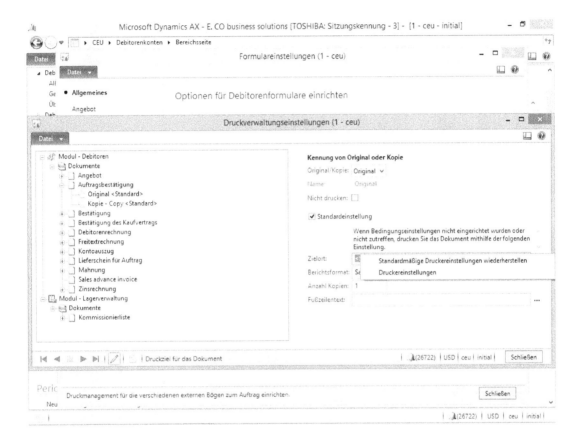

Dann klicken Sie auf Druckereinstellungen.

Nutze Druckverwaltung, um Dokumente nach Verwendungszweck allen Kunden zu senden

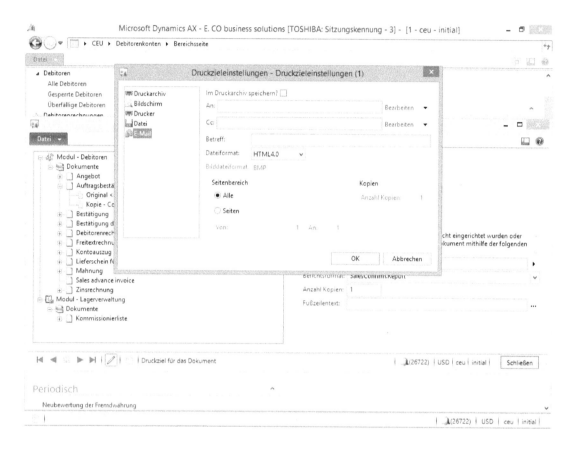

Wenn die Dialogbox Druckeinstellungsziel erscheint, klicken Sie auf Bearbeiten rechts vom An Feld.

Nutze Druckverwaltung, um Dokumente nach Verwendungszweck allen Kunden zu senden

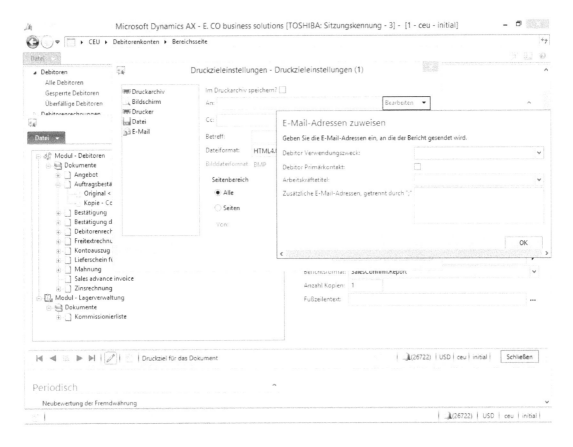

Anschließend wird die Maske E-Mail Adressen zuweisen geöffnet. Klicken Sie auf die Auswahliste Debitor Verwendungszweck.

Nutze Druckverwaltung, um Dokumente nach Verwendungszweck allen Kunden zu senden

Dann wählen Sie die Standardrolle aus, die Sie auch beim Kundenkonto hinterlegt haben, um Dynamics AX mitzuteilen, wohin das Dokument gemailt werden soll.

Nutze Druckverwaltung, um Dokumente nach Verwendungszweck allen Kunden zu senden

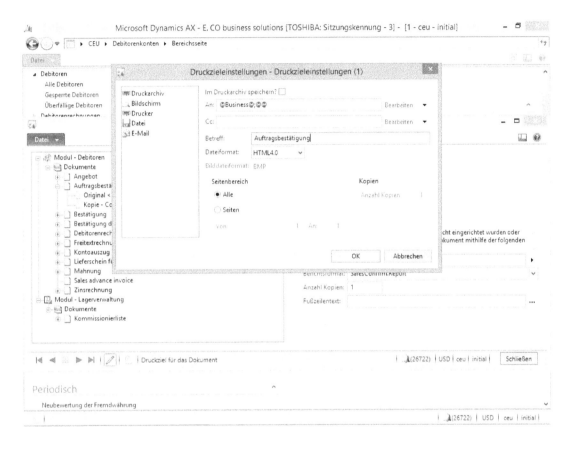

Um Unklarheiten auszuräumen, ergänzen Sie einen Betreff, und klicken dann OK, um die Konfiguration zu speichern.

Nutze Druckverwaltung, um Dokumente nach Verwendungszweck allen Kunden zu senden

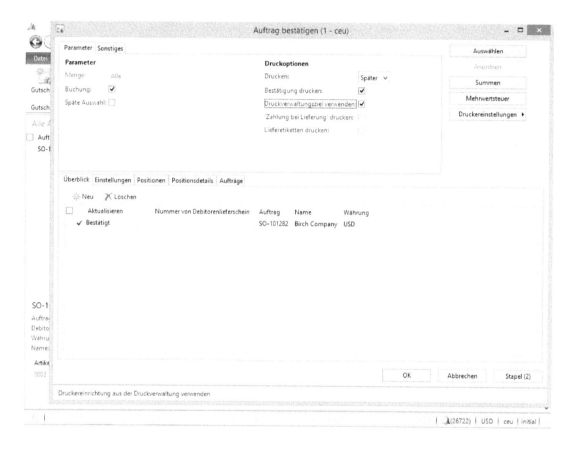

Jetzt wählen Sie einen Verkaufsauftrag und erstellen eine Auftragsbestätigung.

Wenn die Dialogbox Auftrag bestätigen erscheint, beachten Sie, dass Bestätigung drucken und auch Druckverwaltungsziel verwenden aktiviert sind, damit die Standardeinstellungen der Druckverwaltung genutzt werden. Abschließend klicken Sie OK.

Nutze Druckverwaltung, um Dokumente nach Verwendungszweck allen Kunden zu senden

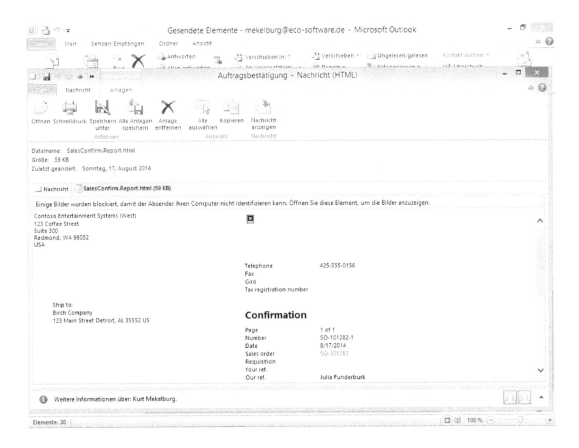

Eine Email Nachricht für das Email Konto des Kunden mit demselben Verwendungszweck wird erstellt, und die Auftragsbestätigung wird angehängt.

Erstelle einen Arbeitsbereich für Zusammenarbeit, um Informationen zu teilen

Es gibt Situationen, wo mehrere Personen an einem Projekt arbeiten, und wo es hilfreich ist, einen Bereich zu haben, damit Dokumente gemeinsam benutzt werden können, und wo jeder die Möglichkeit hat, mit den anderen zusammenzuarbeiten und seine Informationen zu hinterlegen. Dynamics AX hat standardmäßig eine Funktion eingebaut, die einen Arbeitsbereich für Zusammenarbeit (workspace collaboration) zur Verfügung stellt. Diese Funktion ist verkettet mit Aufgaben wie Projekte, Kampagnen, Anfragen etc. Sie können von einem Datensatz heraus einen SharePoint Arbeitsbereich erstellen, so dass jeder darauf zugreifen und mitarbeiten kann.

Diese Funktionalität ist auf jeden Fall besser als die herkömmliche Vorgehensweise, indem man einen gemeinsamen Netzwerk-Ordner oder – nicht zu empfehlen – einen Ordner auf irgendeinen Desktop-Rechner einrichtet. Diese Vorgehensweise bietet viel mehr Sicherheit, und man hat die Möglichkeit, sämtliche Funktionen innerhalb von SharePoint zu nutzen, um wirklich Informationen zu teilen.

Sie müssen nur einen Arbeitsbereich einrichten, und schon sind Sie dabei.

Erstelle einen Arbeitsbereich für Zusammenarbeit, um Informationen zu teilen

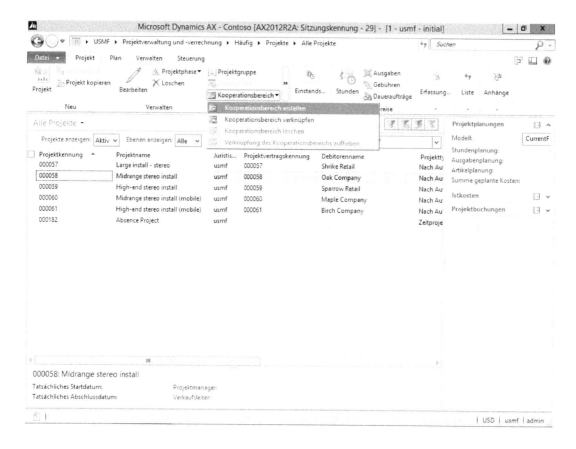

In der Listenseite der Projektübersicht klicken Sie auf den Menüpunkt Kooperationsbereich innerhalb der Projektfunktionsleiste. Wählen Sie die Option Kooperationsbereich erstellen aus.

Erstelle einen Arbeitsbereich für Zusammenarbeit, um Informationen zu teilen

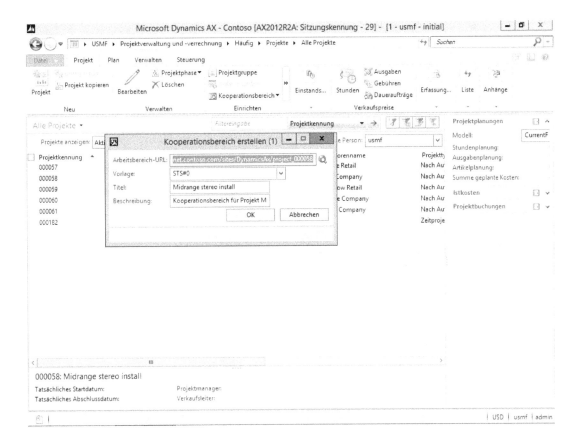

Wenn die Dialogbox Kooperationsbereich erstellen erscheint, akzeptieren Sie die Vorgaben und klicken auf den OK Schalter, um den Arbeitsbereich zu erstellen.

Beachte: Sie können die Standardvorlage, die Ihnen vorgelegt wird, ändern, wenn Sie verschiedene vorkonfigurierte Arbeitsbereichformate haben, die Sie für unterschiedliche Szenarien nutzen wollen.

Erstelle einen Arbeitsbereich für Zusammenarbeit, um Informationen zu teilen

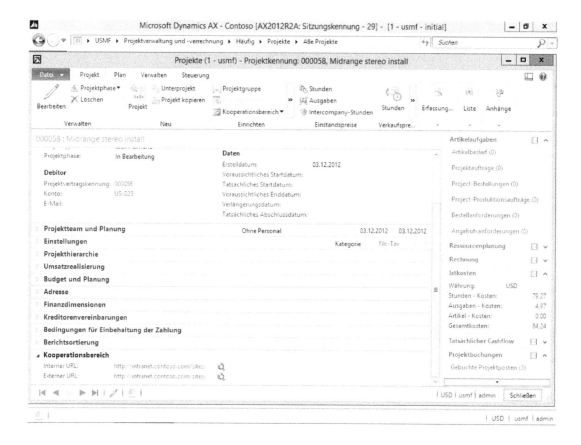

Wenn das getan ist, können Sie erkennen, dass das Register Kooperationsbereich im Projektformular verlinked wurde.

Erstelle einen Arbeitsbereich für Zusammenarbeit, um Informationen zu teilen

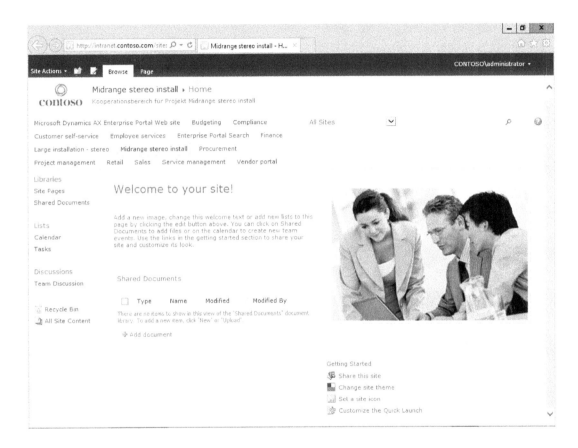

Wenn Sie auf den internen URL klicken, wird der Kooperationsbereich in SharePoint geöffnet , und Sie können beginnen, Ihre Projektinformationen einzugeben.

Visuelle Zuweisung von Projektressourcen mit Hilfe des Bildschirms Ressourcen-verfügbarkeit

Die Ressourcenplanung für Projekte kann aufwendig sein, vor allem wenn Sie eine große Anzahl von Mitarbeitern zu managen haben. Glücklicherweise bietet Dynamics AX eine Funktion an, mit der die Ressourcenverfügbarkeit visuell dargestellt werden kann, und Mitarbeiter schnell einem Projekt zugewiesen werden können.

Dadurch ist es nicht mehr notwendig, dass Sie in Outlook nachblättern, um auf den neuesten Stand zu sein.

Visuelle Zuweisung von Projektressourcen mit Hilfe des Bildschirms Ressourcenverfügbarkeit

Öffnen Sie Ihr Projekt, und innerhalb des Registers Projektteam und Planung klicken Sie auf Rollen hinzufügen.

Wenn die Dialogbox angezeigt wird, wählen Sie eine Rollenvorlage aus und klicken auf OK.

Visuelle Zuweisung von Projektressourcen mit Hilfe des Bildschirms Ressourcenverfügbarkeit

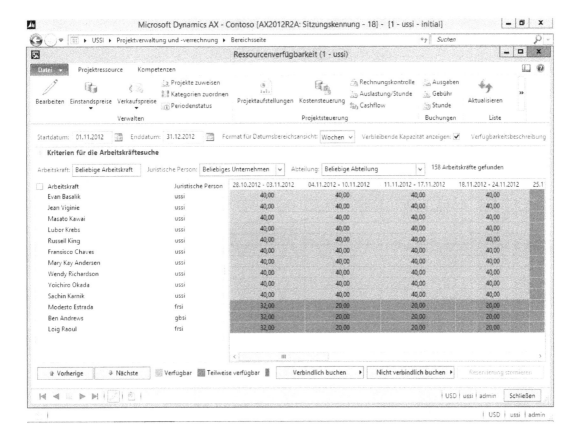

Wenn die Arbeitskraftreservierungsmaske angezeigt wird, können Sie sämtliche Mitarbeiter sehen, die für das Projekt zur Verfügung stehen, einschließlich der frei verfügbaren Kapazität.

Wenn Sie einen Mitarbeiter markieren, wird die verfügbare oder gebuchte Kapazität für das Projekt angezeigt.

Visuelle Zuweisung von Projektressourcen mit Hilfe des Bildschirms Ressourcenverfügbarkeit

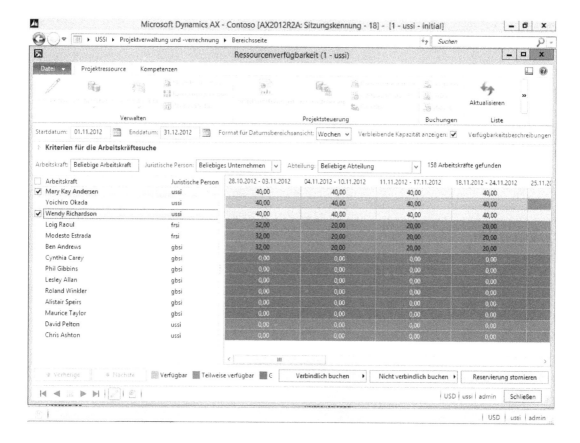

Sie können jede beliebige freie Kapazität eines Mitarbeiters anklicken, um sie für die ausgewählte Periode zu markieren.

Wenn Sie das getan haben, klicken Sie auf Verbindlich buchen, um die Ressource dem Projekt zuzuweisen.

Visuelle Zuweisung von Projektressourcen mit Hilfe des Bildschirms Ressourcenverfügbarkeit

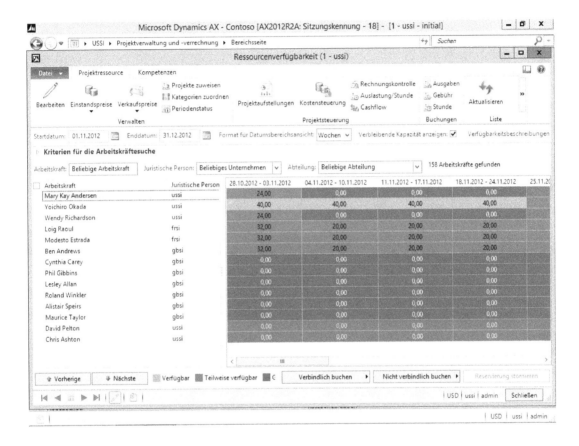

In diesem Fall haben wir eine Auswahl für einen Mitarbeiter getroffen. Sie können aber auch mehrere Mitarbeiter auswählen, die sodann dem Projekt hinzugefügt werden.

Visuelle Zuweisung von Projektressourcen mit Hilfe des Bildschirms Ressourcenverfügbarkeit

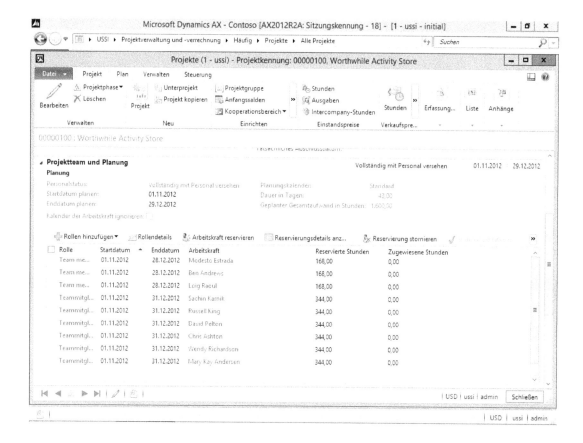

Wenn Sie nun zum Projekt zurückkehren, können Sie sehen, dass die Mitarbeiter als Ressourcen hinzugefügt wurden.

Erfassung von Aufträgen über das Web mit Hilfe des Verkauf-Portals

Dynamics AX verfügt über eine Anzahl von webbasierenden Portalen, die angelegt wurden, um auf annähernd dieselben Informationen zuzugreifen, die auch innerhalb des herkömmlichen AX Client verfügbar sind. Eines dieser Portale ist das Verkaufs-Portal, das Ihnen erlaubt, Kundeninformationen einzusehen, Aktivitäten zum Kunden aufzuzeichnen und Aufträge über das Web zu platzieren, die sofort für jeden verfügbar sind, unabhängig davon wie Sie sich am System anmelden.

Das ist eine großartige Möglichkeit für Vertriebsleute, auf Informationen von Dynamics AX zuzugreifen – selbstverständlich auch über deren Tablett – denn alles, was Sie dazu benötigen, ist eine Verbindung zum Enterprise Portal und einen Web Browser.

Erfassung von Aufträgen über das Web mit Hilfe des Verkauf-Portals

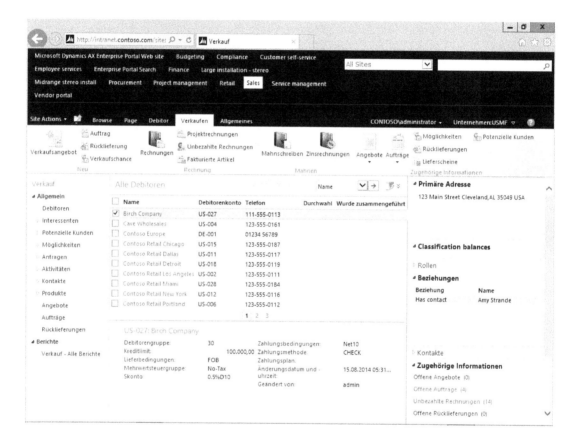

Um alle Aufträge über das Web zu sehen, öffnen Sie einfach das Verkaufs-Portal (Sales) innerhalb des Enterprise Portal, und klicken Sie auf den Menüpunkt Verkaufen innerhalb der Enterprise Portal Funktionsleiste.

Um einen neuen Auftrag zu platzieren, braucht der Benutzer nur auf die Schaltfläche Auftrag Neu in der Funktionsleiste zu klicken.

Erfassung von Aufträgen über das Web mit Hilfe des Verkauf-Portals

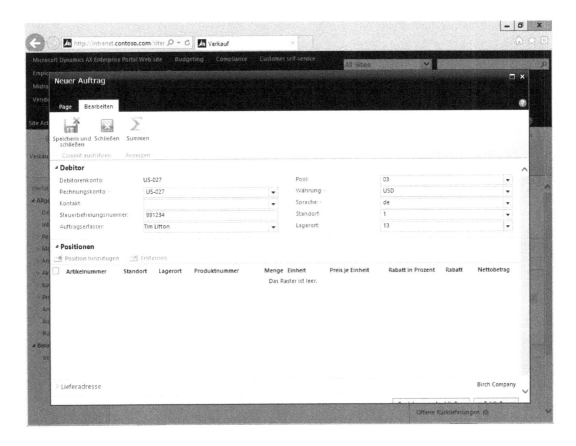

Wenn die Dialogbox Neuer Auftrag erscheint, können Sie im Kopf Informationen für den Auftrag erfassen wie Kundenkonto, Kontakt sowie weitere Quell-Informationen.

Erfassung von Aufträgen über das Web mit Hilfe des Verkauf-Portals

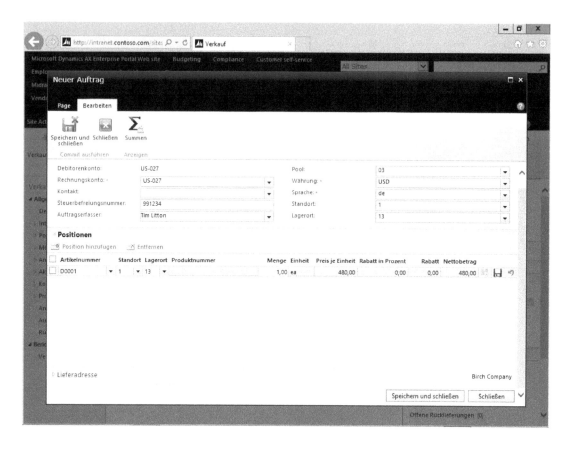

Wenn Sie im Bereich Positionen die Schaltfläche Position hinzufügen anklicken, haben Sie die Möglichkeit, Positionsinformationen wie Artikelnummer, Menge einzugeben. Die Standard-Preisinformationen werden für Sie automatisch kalkuliert.

Andere Funktionen wie Produkt-Konfigurator sind im Verkaufs-Portal ebenfalls verfügbar.

Erfassung von Aufträgen über das Web mit Hilfe des Verkauf-Portals

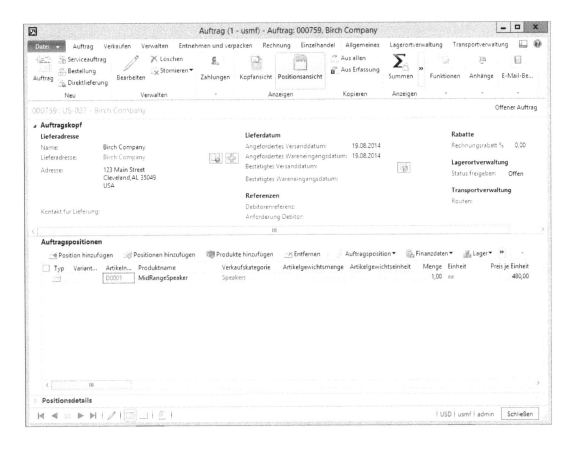

Sobald der Auftrag im Verkaufs-Portal abgespeichert wurde, ist er unmittelbar für alle anderen Benutzer verfügbar.

Lass Lieferanten deren eigene Rechnungen über das Kreditoren Portal erfassen

Wenn Sie Ihren Eingangsrechnungsprozess straffen wollen, warum lassen Sie nicht Ihre Lieferanten deren eigene Rechnungen über das Einkaufs-Portal buchen als auf eine Rechnung via Post zu warten. Mit Hilfe des Kreditoren-Portals besteht die Möglichkeit, sämtliche Rechnungsinformationen und Positionsdetails zu erfassen sowie zusätzliche Informationen als Dokumentanhang hinzuzufügen. Die Eingaben werden im Einkauf als offene Rechnungen angezeigt. Die Eingangsrechnung kann dann geprüft, genehmigt und zur Zahlung angewiesen werden.

Die Abläufe werden dadurch effizienter, da keine Neuerfassung der Rechnungsdetails erforderlich ist, wie es beim Versand in Papierform der Fall wäre. Auch die Lieferanten sind glücklicher, da sie eventuell schneller bezahlt werden, da es keine Lücke gibt zwischen Rechnung schreiben und Verfügbarkeit beim Kunden. Jeder ist ein Gewinner.

Lass Lieferanten deren eigene Rechnungen über das Kreditoren Portal erfassen

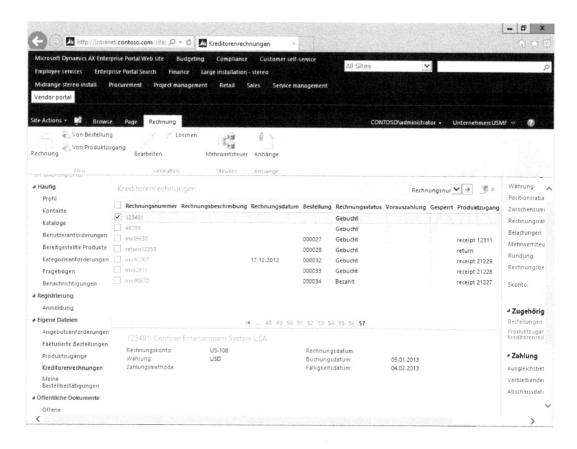

Der Lieferant muß sich in das Lieferanten(Vendor-)-Portal einloggen, die Kreditorenrechnungen Seite auswählen und anschließend den Menüpunkt Von Produktzugang in der Funktionsleiste klicken.

Lass Lieferanten deren eigene Rechnungen über das Kreditoren Portal erfassen

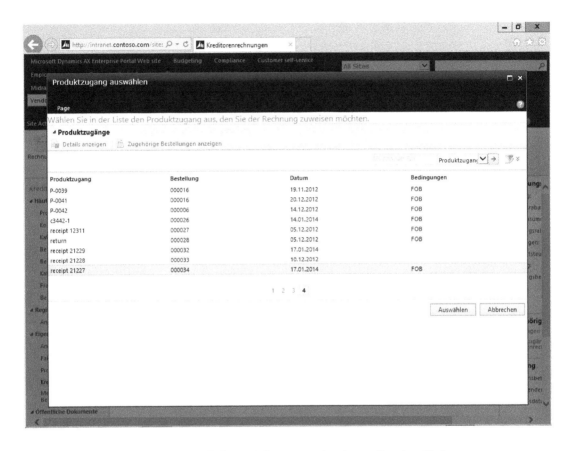

Dann wird eine Liste mit sämtlichen Lieferungen des betreffenden Lieferanten an seinen Kunden angezeigt. Der Lieferant kann jetzt die Lieferung auswählen, die er dem Kunden fakturieren möchte.

Wenn das getan ist, kann der Lieferant Auswählen anklicken, um eine neue Rechnung zu generieren.

Lass Lieferanten deren eigene Rechnungen über das Kreditoren Portal erfassen

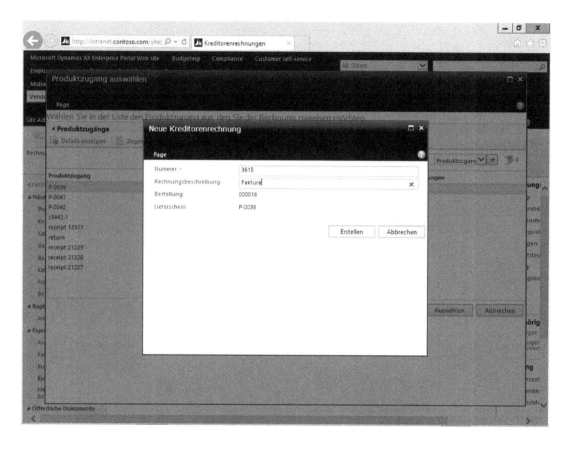

Wenn das Dialogfenster Neue Kreditorenrechnung angezeigt wird, können die Rechnungsnummer und eine kurze Beschreibung erfaßt werden. Nach Beendigung muß nur Erstellen betätigt werden.

Lass Lieferanten deren eigene Rechnungen über das Kreditoren Portal erfassen

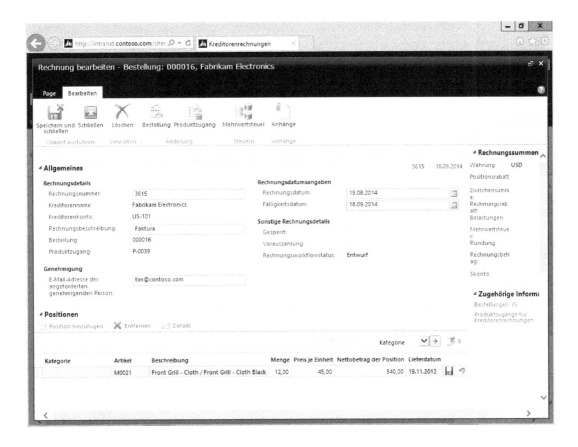

Anschließend öffnet sich die Eingabemaske Rechnung bearbeiten. Sie können nun Ihre Rechnungsdaten überprüfen und eventuell korrigieren sowie bei Bedarf eine Position hinzufügen. Über den Menüpunkt Anhänge können Sie auch Ihre Originalrechnung als pdf-Datei anhängen und mit übergeben.

Zum Schluß klicken Sie auf den Menüpunkt Speichern und Schließen.

Lass Lieferanten deren eigene Rechnungen über das Kreditoren Portal erfassen

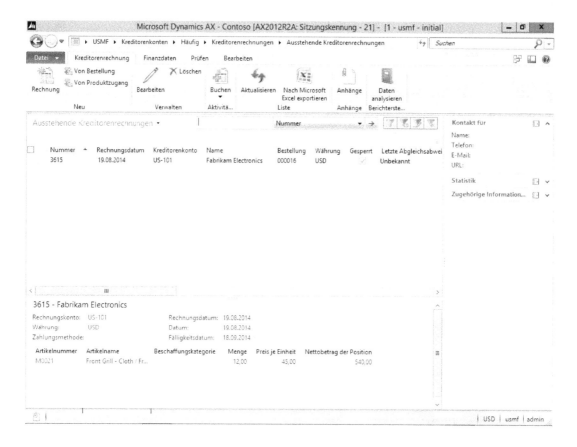

Innerhalb Dynamics AX können Sie alle ausstehenden Kreditorenrechnungen sehen, wenn Sie auf den Menüpunkt Ausstehende Kreditorenrechnungen innerhalb des Ordners Kreditorenrechnungen klicken.

Lass Lieferanten deren eigene Rechnungen über das Kreditoren Portal erfassen

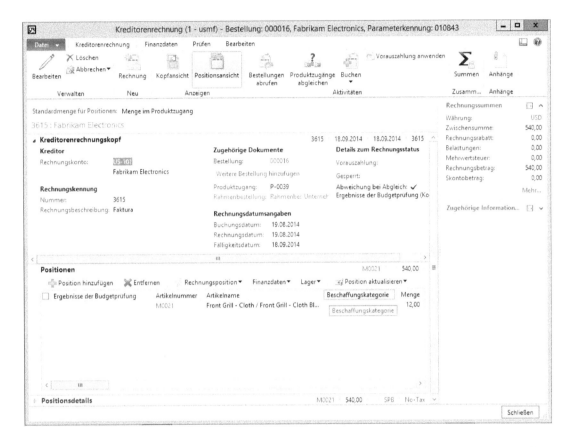

Nach Anklicken der austehenden Eingangsrechnung wird den Mitarbeitern im Einkauf angezeigt, was der Lieferant selbst eingegeben hat, und Sie müssen nur noch die Rechnung auf ihre Richtigkeit prüfen,.

Benutze Einzelvorgangs- erfassung zur Aufzeichnung von Produktions-Transaktionen

Das Verbuchen von Zeit und Material für Produktionsvorgänge muß nicht händisch oder nachträglich vollzogen werden. Dynamics AX hat eine Funktion mit Namen Einzelvorgangserfassung, mit der sich alle Produktionsaktionen in Echtzeit mit Hilfe eines Touchscreens berichten lassen. Es werden alle Materialabgänge in Echtzeit aufgezeichnet sowie welche Person den Vorgang ausführt. Sie haben dadurch einen größeren Einblick, wer was gerade macht.

Keine handgeschriebenen Arbeitsberichte mehr, die dann am nächsten Tag aktualisiert werden.

Benutze Einzelvorgangserfassung zur Aufzeichnung von Produktions-Transaktionen

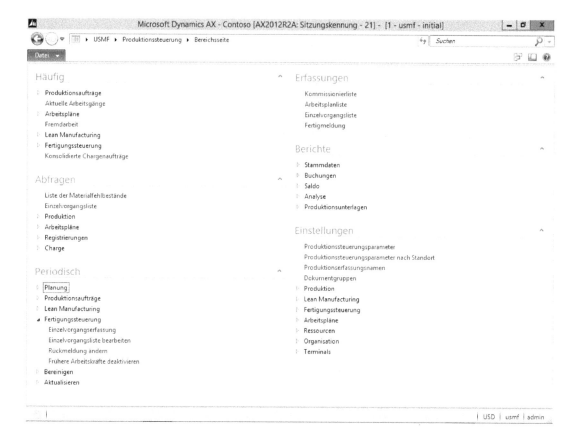

Klicken Sie auf den Menüpunkt Einzelvorgangserfassung innerhalb der Menügruppe Fertígungssteuerung im Inhaltsbereich Periodisch

Benutze Einzelvorgangserfassung zur Aufzeichnung von Produktions-Transaktionen

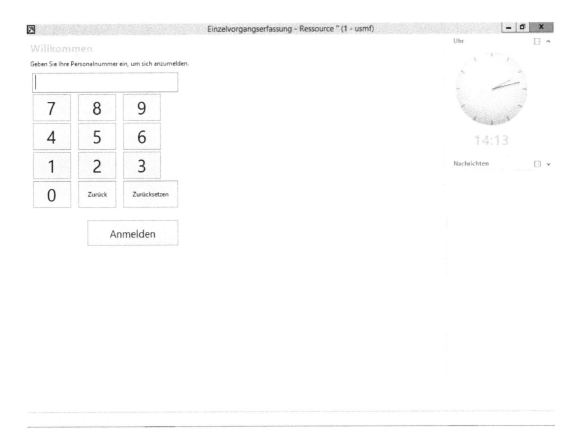

Wenn der Touchscreen Einzelvorgangserfassung angezeigt wird, geben Sie Ihre Mitarbeiter ID und eventuell Ihr Passwort ein und klicken auf Anmelden.

Benutze Einzelvorgangserfassung zur Aufzeichnung von Produktions-Transaktionen

Falls dies der erste Vorgang ist, der ausgeführt wurde, dann werden Sie automatisch eingestempelt.

Benutze Einzelvorgangserfassung zur Aufzeichnung von Produktions-Transaktionen

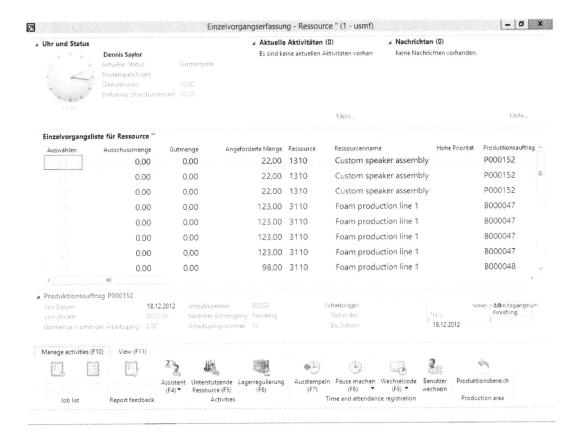

Wenn die Einzelvorgangserfassung erscheint, können Sie sämtliche aktive Vorgänge einsehen.

Benutze Einzelvorgangserfassung zur Aufzeichnung von Produktions-Transaktionen

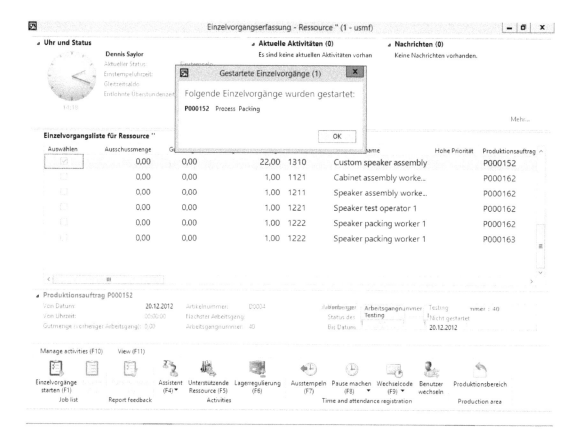

Wenn Sie den Menüpunkt Einzelvorgäng starten im Register Manage activities anklicken, wird der Prozess zum Produktionsvorgang gestartet.

Benutze Einzelvorgangserfassung zur Aufzeichnung von Produktions-Transaktionen

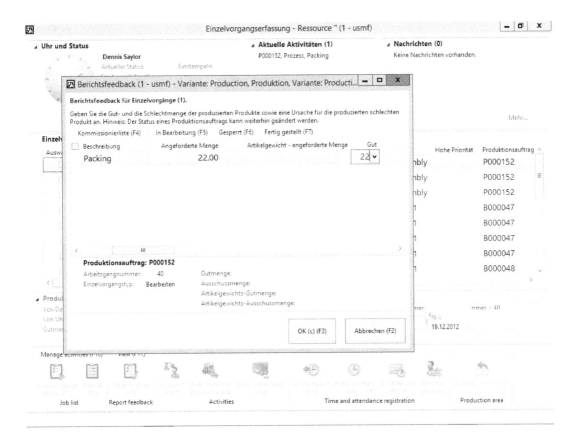

Wenn Sie Rückmeldung im Register Manage Activities anklicken, haben sie die Möglichkeit, Mengen rückzumelden sowie einen Vorgang zu beenden.

Benutze Einzelvorgangserfassung zur Aufzeichnung von Produktions-Transaktionen

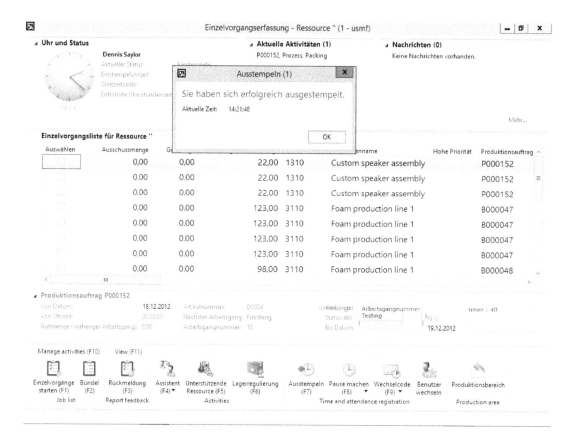

Sie können die Arbeit jederzeit beenden, indem Sie den Menüpunkt Ausstempeln anklicken. Dadurch wird auch Ihre Zeit für den Produktionsvorgang verrechnet.

Benutze Einzelvorgangserfassung zur Aufzeichnung von Produktions-Transaktionen

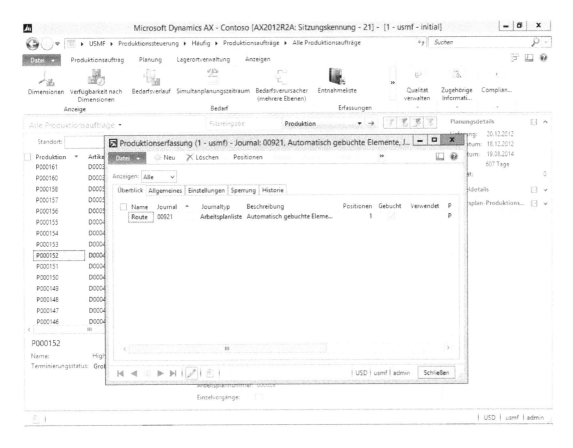

Im Produktionserfassungsjournal, das mit dem Produktionsauftrag verknüpft ist, können sämtliche Transaktionen eingesehen werden, die für den Produktionsvorgang mit Hilfe der Einzelvorgangserfassung reportet wurden.

How easy is that.

Verpflichte Benutzer vor Start eines Vorgangs, Produktions- dokumente einzusehen

Das Anhängen von Prozess-Spezifikationen sowie Sicherheitsanweisungen zu Stücklisten, Vorgängen oder technischen Daten ist eine hervorragende Funktion, um Mitarbeiter zum Lesen der Unterlagen anzuhalten. Dynamics AX hat eine Funktion im Produktionsmodul, die es gestattet festzulegen, dass bestimmte Dokumente gesichtet werden müssen, bevor ein Vorgang gestartet werden kann.

Niemand kann mehr Unwissenheit über neue Prozesse oder Abläufe vortäuschen.

Verpflichte Benutzer vor Start eines Vorgangs, Produktionsdokumente einzusehen

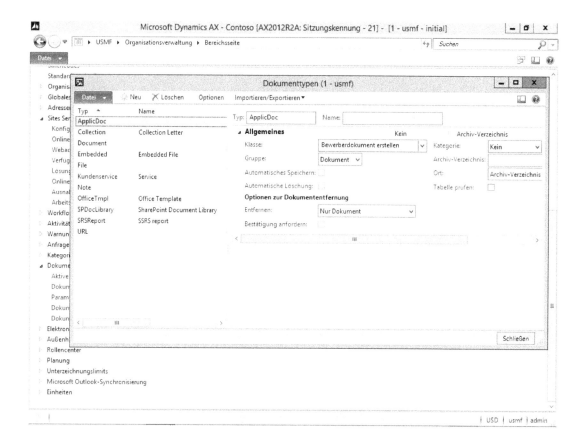

Stellen Sie sicher, dass Sie diejenigen Dokumenttypen konfiguriert haben, die Sie Stücklisten anhängen möchten.

Verpflichte Benutzer vor Start eines Vorgangs, Produktionsdokumente einzusehen

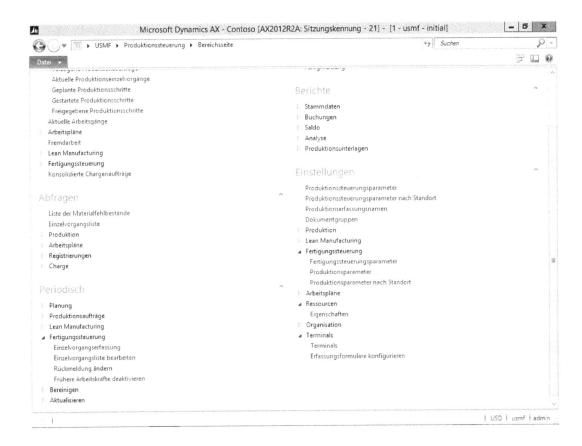

Klicken Sie auf den Menüpunkt Dokumentgruppen im Bereich Einstellungen des Produktionssteuerungsmoduls.

Verpflichte Benutzer vor Start eines Vorgangs, Produktionsdokumente einzusehen

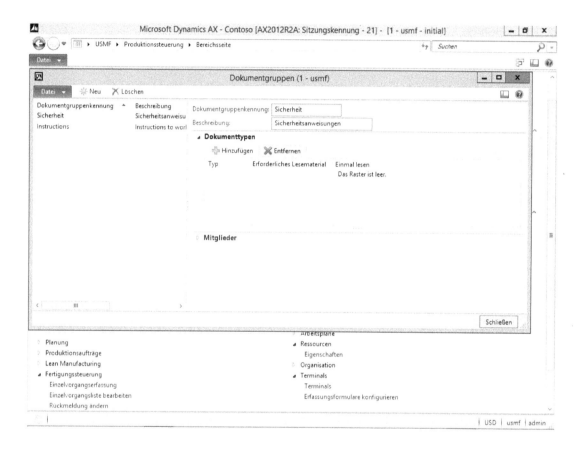

Wenn das Dokumentgruppen Formular angezeigt wird, klicken Sie auf Neu, um einen neuen Datensatz zu erstellen, und versehen Sie Ihre Dokumentgruppe mit einer Kennung und Beschreibung.

Verpflichte Benutzer vor Start eines Vorgangs, Produktionsdokumente einzusehen

Um einen neuen Dokumententyp hinzuzufügen, der eingesehen werden soll, klicken Sie auf Hinzufügen in der Menüleiste Dokumententypen, und wählen Sie aus der Auswahlliste den Typ aus, den Sie ergänzen möchten.

Wenn das Dokument vor dem Start eines Produktionsvorgangs vom Benutzer eingesehen werden muß, dann aktivieren Sie Erforderliches Lesematerial.

Wenn das Dokument nur vor dem Start eines Vorgangs eingesehen werden muß und nicht jedesmal, wenn sich der Benutzer erneut für den Vorgang einstempelt, dann aktivieren Sie Einmal Lesen.

Verpflichte Benutzer vor Start eines Vorgangs, Produktionsdokumente einzusehen

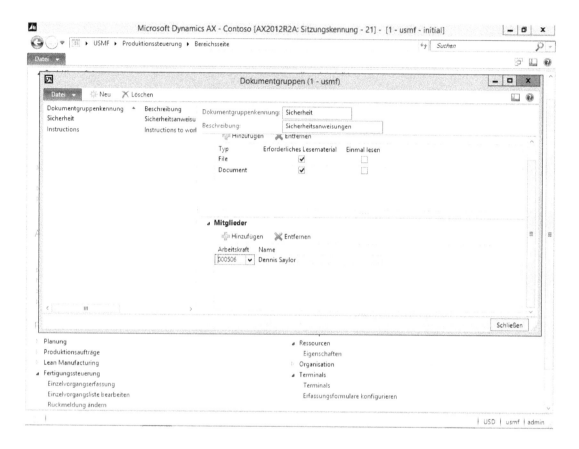

Wenn nur bestimmte Mitarbeiter das Dokument einsehen sollen, dann klicken Sie Hinzufügen bei Mitglieder, und ergänzen Sie einen beliebigen Mitarbeiter.

Verpflichte Benutzer vor Start eines Vorgangs, Produktionsdokumente einzusehen

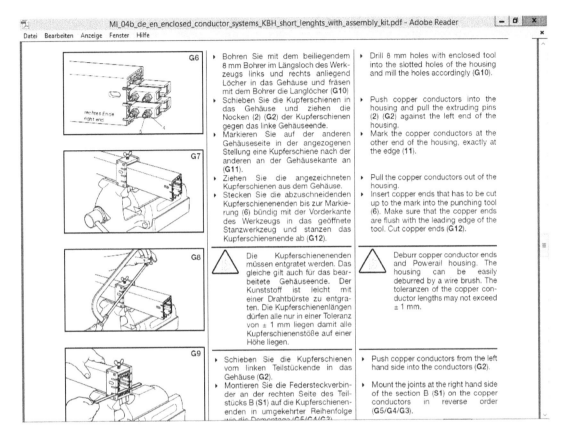

Der nächste Schritt ist, das Dokument mit einer Stückliste zu verknüpfen.

Verpflichte Benutzer vor Start eines Vorgangs, Produktionsdokumente einzusehen

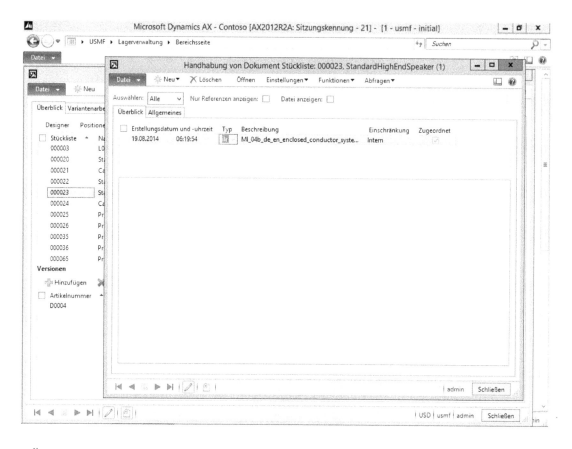

Öffnen Sie eine Stückliste, der Sie ein Dokument anhängen möchten, und klicken Sie auf Anhang (das Symbol ist im Fuß der Maske links von der Statusleiste), und verknüpfen Sie Ihr Dokument damit.

Verpflichte Benutzer vor Start eines Vorgangs, Produktionsdokumente einzusehen

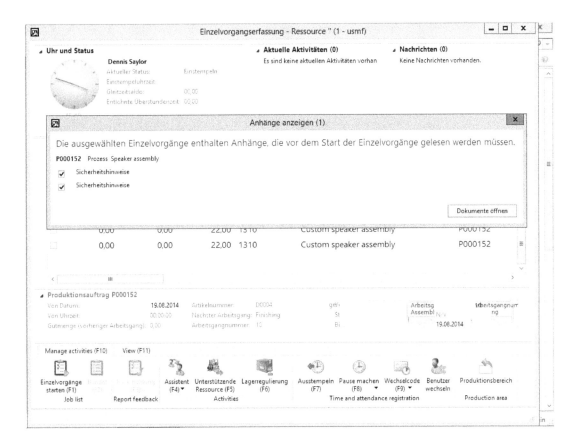

Wenn Sie jetzt einen Vorgang starten, wird eine Notiz eingeblendet, das Sie ein Dokument einzusehen haben, das mit der Stückliste verknüpft ist.

Verpflichte Benutzer vor Start eines Vorgangs, Produktionsdokumente einzusehen

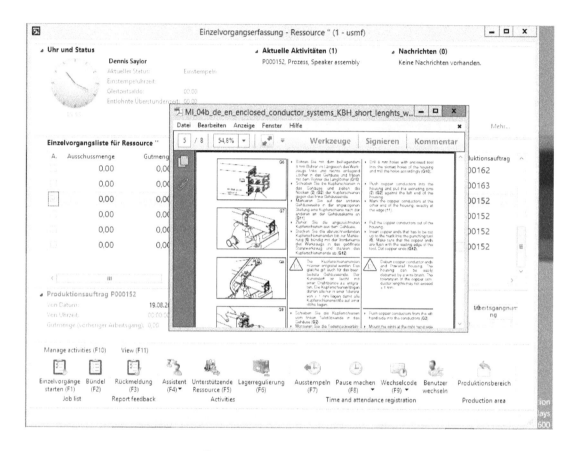

Durch Klicken auf Dokument Öffnen wird das Dokument zur Einsicht für den Benutzer geöffnet.

OFFICE TRICKS

Es ist kein Geheimnis, dass viele Office nutzen, um Dokumente und Reports zu erstellen – und das ist auch gut so. Aber wenn Sie wirklich Office verwenden wollen, dann sollten Sie sich die Integration von Office in Dynamics AX zu Nutze machen.

Verzichten Sie auf Ausschneiden und Einfügen von Tabellen – verknüpfen Sie sie mit Dynamics AX. Nutzen Sie Excel nicht nur als Arbeitsblatt, um Daten zu aktualisieren – aktualisieren Sie stattdessen Dynamics AX. Kopieren Sie Daten nicht einfach in ein Word Dokument – erstellen Sie Vorlagen, die automatisch aktualisiert werden. Nutzen Sie Microsoft Project nicht nur für die Aufzeichnung von Projektinformationen – machen Sie daraus ein Werkzeug, dass Dynamics AX aktualisiert.

In diesem Kapitel werden wir einige der integrierten Office Funktionen freilegen.

Export nach Excel ohne Vorhandensein des Symbols in der Funktionsleiste

Nicht alle Eingabemasken innerhalb Dynamics AX verfügen über das nützliche Export nach Excel Symbol in der Funktionsleiste, um Daten zu kopieren. Das soll aber nicht heißen, dass es keine Möglichkeit gibt, Ihre Daten schnell an ein Excel Arbeitsblatt zu übergeben.

Sie müssen nur den Menüpunkt Export to Microsoft Excel im Menübefehl Datei auswählen, oder für all diejenigen, die Tastenkombinationen bevorzugen, drücken Sie CTRL+T, und es wird eine Excel Arbeitsmappe erstellt und mit den entsprechenden Daten befüllt.

Export nach Excel ohne Vorhandensein des Symbols in der Funktionsleiste

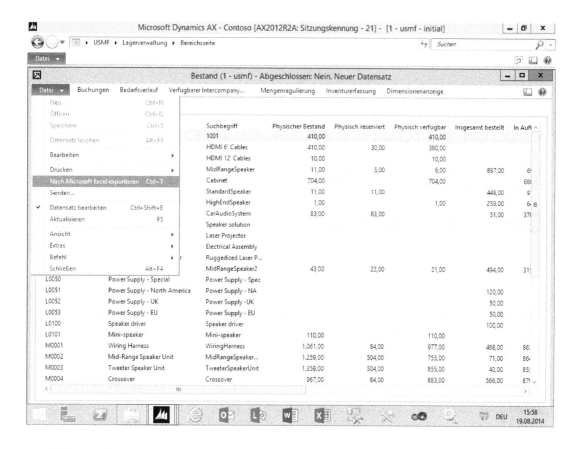

Wählen Sie den Menüpunkt Export nach Excel im Menübefehl Datei.

Beachte: Sie können auch CTRL+T drücken, falls Sie Tastenkombinationen lieber mögen.

Export nach Excel ohne Vorhandensein des Symbols in der Funktionsleiste

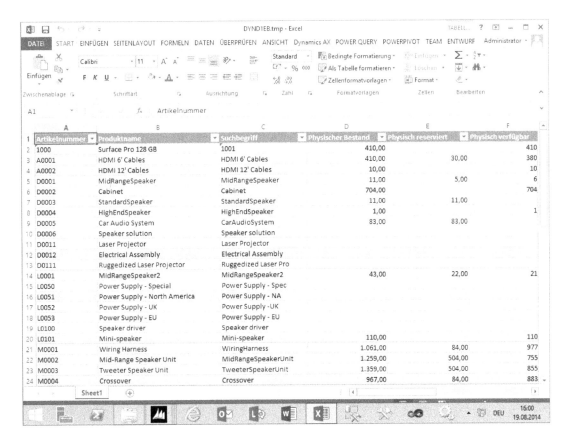

Sämtliche Daten aus dem aktuellen Formular werden nach Excel kopiert.

Exportieren von Daten zu Ihrer lokalen Excel-Version bei der Verwendung von Remote Desktop

Auch wenn Sie eine Remote Desktop Verbindung zu Dynamics AX nutzen, heißt das nicht, dass Sie alles auf der Remote Maschine ausführen müssen. Ein Beispiel dafür ist, dass Sie wählen können, ob Ihre Daten an eine lokale Version von Excel übergeben werden sollen oder an eine Excel Version, die auf einer Remote Maschine läuft. Sie müssen nur eine von zwei Optionen im Dynamics AX Client ändern.

Das erlaubt Ihnen zum einen, auch nach Beendigung der Remote-Verbindung mit den exportierten Daten zu arbeiten, und das erlaubt Ihnen zum anderen, eventuelle Excel Erweiterungen zu nutzen, die Sie auf Ihrer lokalen Maschine installiert haben, und es befreit Sie von der Mühe, Ihr Arbeitsblatt mit Ausschneiden und Einfügen vom Remote Computer auf Ihren lokalen PC zu kopieren.

Exportieren von Daten zu Ihrer lokalen Excel-Version bei der Verwendung von Remote Desktop

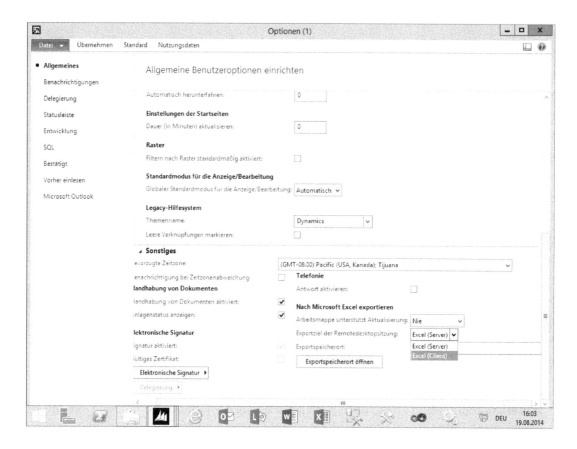

Im Menübefehl Datei wählen Sie das Untermenü Extras und anschließend den Menüpunkt Optionen.

Wenn die Dialogbox angezeigt wird, rollen Sie abwärts zum Bereich Sonstiges, und ändern Sie im Feld Exportziel der Remotedesktopsitzung die Einstellung zu Excel (Client).

Exportieren von Daten zu Ihrer lokalen Excel-Version bei der Verwendung von Remote Desktop

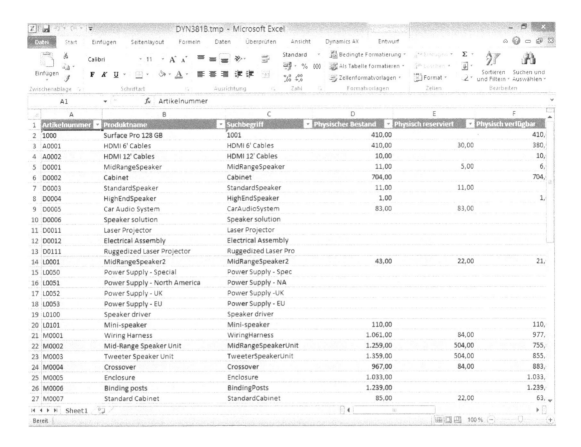

Wenn Sie jetzt Export nach Microsoft Excel klicken, werden alle Daten an Ihre lokale Excel Version übergeben.

Beachte: Stellen Sie sicher, dass der Benutzer des Client Desktop über die notwendigen Login- und Zugriffsrechte auf die Daten verfügt, den die Sicherheitsrichtlinien, die auf dem Client gelten, sind mit dem Benutzer-Login assoziiert... Das stellt außerdem sicher, dass Personen bei diesem Vorgang die Sicherheitsrichtlinien nicht umgehen können.

Ergänze im Arbeitsblatt zusätzliche Dynamics AX Felder nach dem Export zu Excel

Export nach Excel aus Dynamics AX heraus ist vermutlich das am meisten genutzte Feature für alle Do-It-Yourself Anwender. Denn sobald die Daten sich in Excel befinden, können Sie Ihre eigenen Reports, Dashboards und Analysen mit einem Werkzeug erstellen, mit dem viele vertraut sind.

Auch wenn Dynamics AX nur die Felder exportiert, die im Formular angezeigt werden, heißt das nicht, dass Sie sich mit diesen Daten begnügen müssen. Wenn Sie das Dynamics AX Add-In für Excel verwenden, können Sie innerhalb Excel alle Felder einer Tabelle oder einer Abfrage (Query) einsehen, und spontan neue Spalten hinzufügen, um Ihre Excel Abfragen erheblich aufzuwerten.

Ergänze im Arbeitsblatt zusätzliche Dynamics AX Felder nach dem Export zu Excel

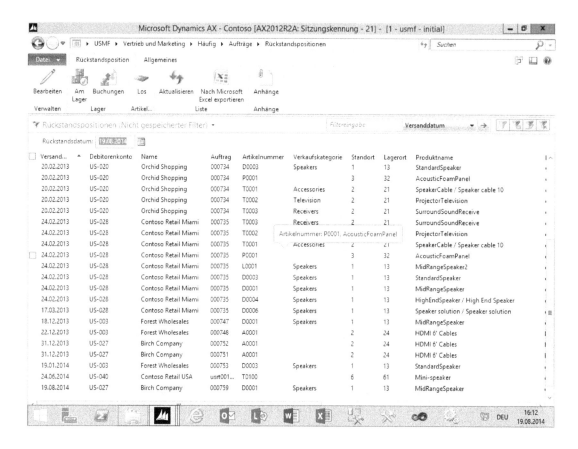

Sie beginnen mit dem Auffinden einer Abfrage innerhalb Dynamics AX, die Sie verwenden möchten, und anschließend klicken Sie in der Funktionsleiste die Schaltfläche Export nach Excel.

Ergänze im Arbeitsblatt zusätzliche Dynamics AX Felder nach dem Export zu Excel

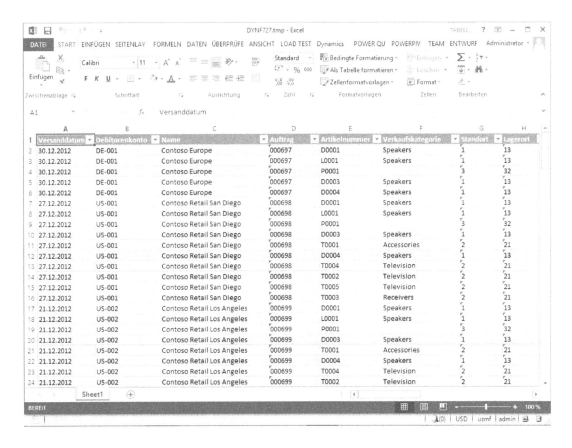

Wenn das Excel Arbeitsblatt erstellt ist, klicken Sie auf den Schalter Felder (Fields) in der Design Gruppe der Dynamics AX Funktionsleiste.

Ergänze im Arbeitsblatt zusätzliche Dynamics AX Felder nach dem Export zu Excel

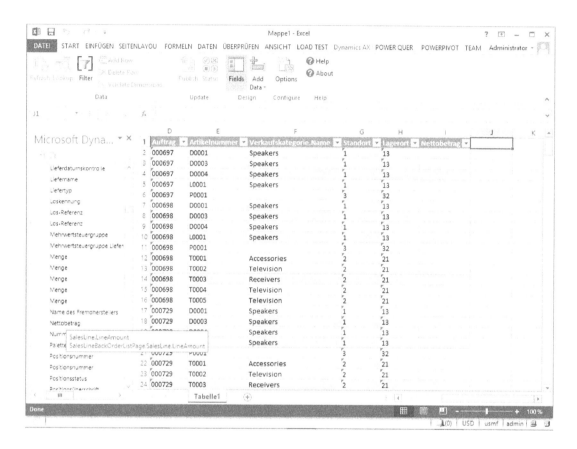

Sodann wird Ihnen auf der linken Seite die Explorerleiste angezeigt, und Sie können alle verbundenen Felder sehen, die dem Arbeitsblatt hinzugefügt werden können. Ziehen Sie jetzt die Felder, die Sie verwenden möchten, in das Arbeitsblatt. In diesem Fall habe ich das Feld Nettobetrag in das Arbeitsblatt hineingelegt.

Ergänze im Arbeitsblatt zusätzliche Dynamics AX Felder nach dem Export zu Excel

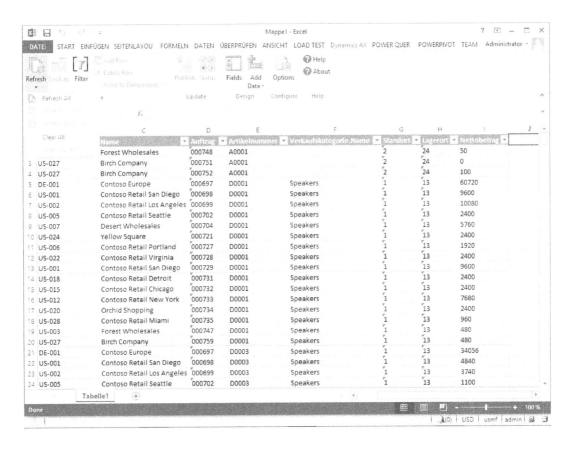

Jetzt klicken Sie auf den Schalter Felder erneut, um in den Bearbeiten Modus zurückzukehren, und dann klicken Sie auf den Refresh Schalter innerhalb der Gruppe Daten der Dynamics AX Funktionsleiste. Sie sehen jetzt, dass alle Felder im Arbeitsblatt aktualisiert wurden, einschließlich der neuen Felder, die Sie hinzugefügt haben.

Nutze Export nach Excel um eigene aktualisierbare Reports in Excel zu erstellen

Wenn Sie das Dynamics AX Add-In für Excel installiert haben, die Export nach Excel Funktion innerhalb Dynamics AX verknüpft automatisch die Datentabelle, die Sie exportierten, zurück zu den Daten innerhalb Dynamics AX. Das heißt, dass Sie die Möglichkeit besitzen, die Daten jederzeit zu aktualisieren, die letzten Informationen zu holen ohne einen Re-Export durchzuführen.

Sobald Sie das verknüpfte Arbeitsblatt erstellt haben, können Sie in Excel Ihre eigenen Dashboards und Reports erstellen, und diese immer up-to-date halten.

Nutze Export nach Excel um eigene aktualisierbare Reports in Excel zu erstellen

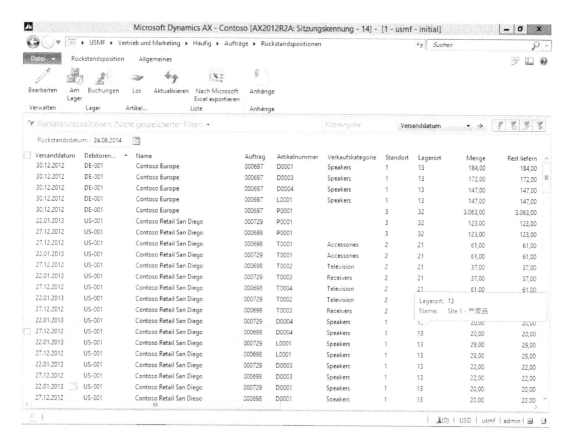

Starten Sie in Dynamics AX mit dem Listenformular, für das Sie einen Report erstellen wollen und klicken Sie den Schalter Export nach Excel. Falls keine Schalter vorhanden ist, drücken Sie einfach CTRL+T.

Nutze Export nach Excel um eigene aktualisierbare Reports in Excel zu erstellen

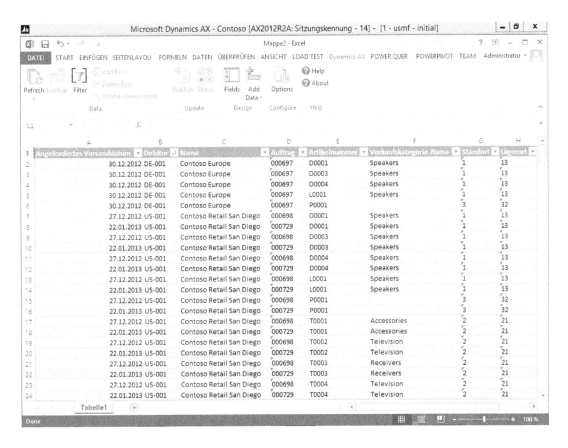

Daraufhin wird Excel geöffnet und alle Daten einer Abfrage innerhalb Dynamics AX übertragen, einschließlich sämtlicher Filter, die man angewandt hat.

Nutze Export nach Excel um eigene aktualisierbare Reports in Excel zu erstellen

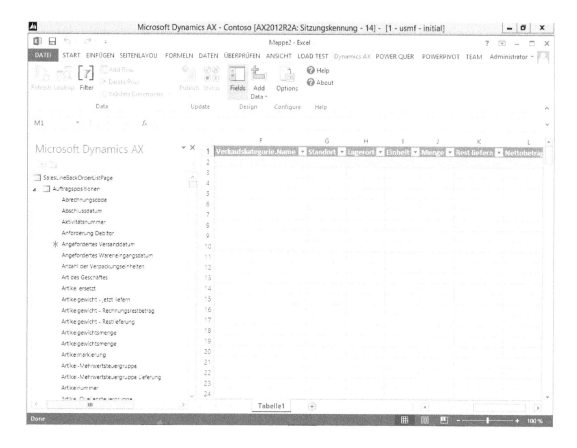

Das ist deshalb so nützlich, da Sie, sobald Sie den Schalter Felder in der Dynamics AX Funktionsleiste klicken, sehen können, dass das Arbeitsblatt rückwärts verbunden ist mit Dynamics AX, und Sie können neue Felder hinzufügen und die Daten jederzeit aktualisieren.

Nutze Export nach Excel um eigene aktualisierbare Reports in Excel zu erstellen

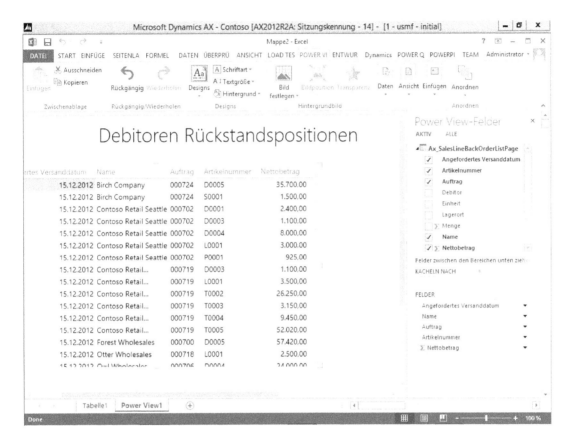

So, wenn wir anschließend - basierend auf den Daten - ein neues PowerView Dashboard erstellen ...

Nutze Export nach Excel um eigene aktualisierbare Reports in Excel zu erstellen

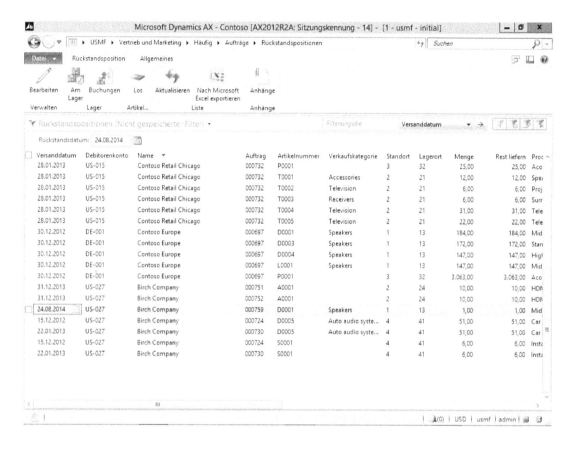

und dann die Daten in Dynamics AX aktualisieren, indem wir das Versanddatum ändern.

Nutze Export nach Excel um eigene aktualisierbare Reports in Excel zu erstellen

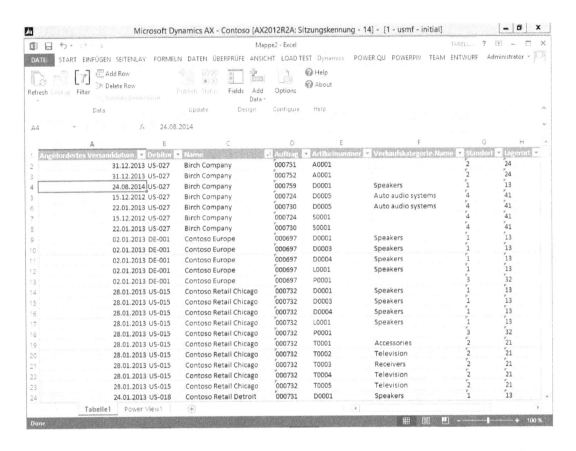

Wir klicken nun auf den Schalter Refresh der AX Funktionsleiste, und unsere Daten im Arbeitsblatt werden sofort aktualisiert.

Nutze Export nach Excel um eigene aktualisierbare Reports in Excel zu erstellen

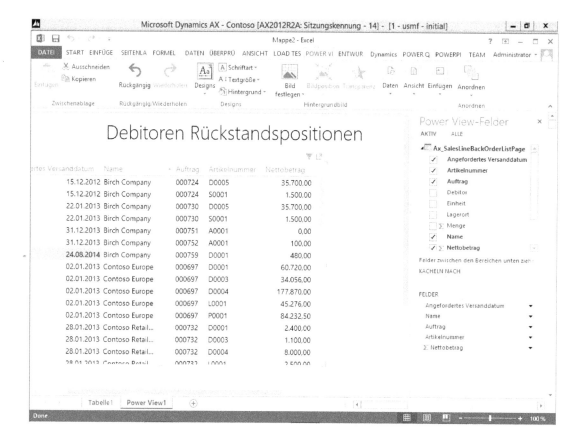

Und so sieht unser Dashboard aus.

All das ist möglich, ohne eine Zeile Code zu schreiben.

Erstelle Reports direkt aus Dynamics AX Cubes mit Hilfe von Excel

Excel ist vermutlich das bedeutenste Reporting Werkzeug, weil es sich zum einen auf jedermanns Computer befindet, und weil es auch so einfach ist, Daten zu manipulieren sowie eigene Analysen, Grafiken und Tabellen zu erzeugen. In der Vergangenheit allerdings hatten die "technischen" Benutzer einen leichten Vorteil gegenüber den "Standard"-Benutzern, denn sie kennen die geheimen Tabellenkombinationen, die es ihnen erlaubten, Daten direkt von der Datenbank zusammenzufügen. Sie bekommen dadurch mehr Einblick und bessere Reports, während der weniger "technische" Benutzer in Ausschneiden und Einfügen von Daten Zuflucht nehmen , oder Teile der Informationen von anderen Reports in Excel abschreiben mußte. Diese Vorgehens-weise war mühselig und anfällig für Fehler.

Diese Tage sind vorbei, da Dynamics AX mit einem Set vordefinierter Reporting Cubes (Datenwürfel) ausgeliefert wird, wo die Daten bereits vereinfacht und zusammengefaßt aufbereitet wurden, so dass Sie aus Excel heraus direkt darauf zugreifen können. Reporting wird dadurch für jeden einfacher, und es wird außerdem sichergestellt, dass jeder dieselben Ergebnisse bekommt, wenn Benutzer Reports erstellen.

Erstelle Reports direkt aus Dynamics AX Cubes mit Hilfe von Excel

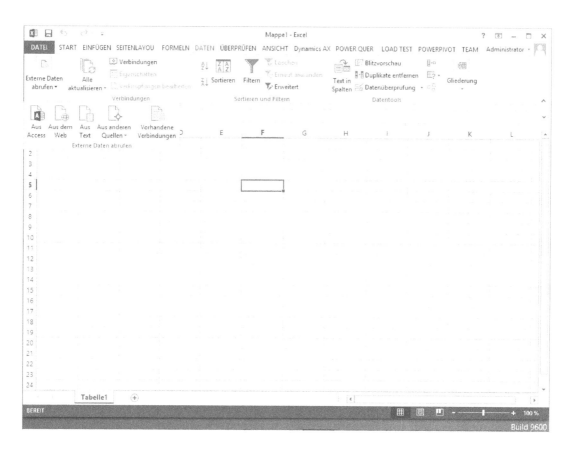

Wenn dies das erstemal ist, dass Sie sich an einem Dynamics AX Cube (Datenwürfel) anmelden, dann werden Sie als erstes eine Datenverbindung in Excel erstellen müssen. Sie müssen das nur einmal machen, da Excel sich an die Verbindung erinnern wird.

Wählen Sie die Funktionsleiste Daten, und klicken Sie innerhalb der Gruppe Externe Daten abrufen auf den Schalter Aus anderen Quellen. In der Auswahlliste wählen Sie den Menüpunkt Analysis Services aus.

Erstelle Reports direkt aus Dynamics AX Cubes mit Hilfe von Excel

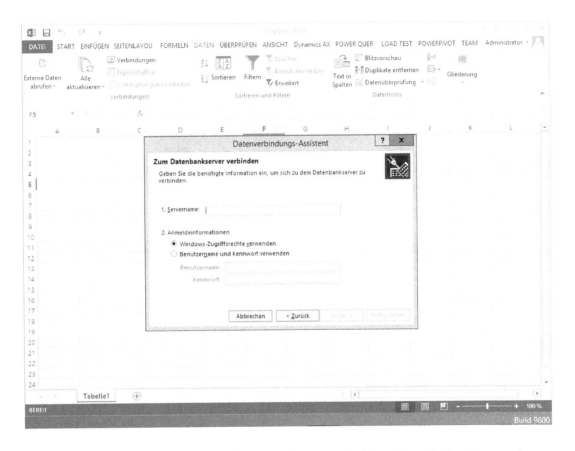

Wenn die Dialogbox Datenverbindungs-Assistent erscheint, geben Sie den Namen des Servers ein, wo die Cubes (Datenwürfel) gespeichert sind, und danach klicken Sie auf den Weiter button.

Erstelle Reports direkt aus Dynamics AX Cubes mit Hilfe von Excel

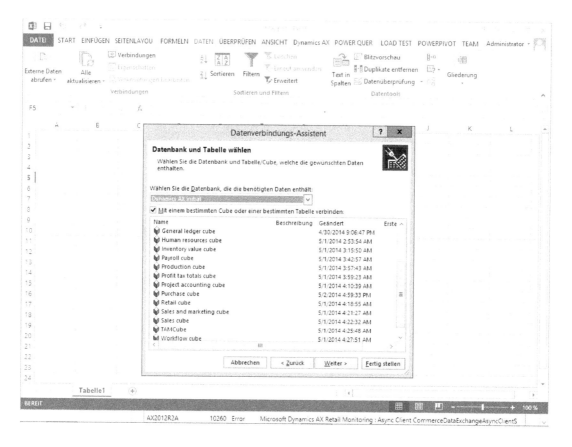

Die nächste Seite bittet Sie, den Datenwürfel (Cube) auszuwählen, mit dem Sie verbunden werden möchten. Wenn Sie die Option Mit einem bestimmten Cube oder einer bestimmten Tabelle verbinden deaktivieren, dann haben Sie die Möglichkeit, diese Verbindung immer und immer wieder zu nutzen und mit den 18 verschiedenen Bereichen eine Verbindung aufzubauen, ohne eine neue Verbindung erstellen zu müssen.

Alles was Sie jetzt tun müssen, ist, einen Cube auszuwählen, für den Sie einen Report erstellen wollen und Weiter zu klicken.

Erstelle Reports direkt aus Dynamics AX Cubes mit Hilfe von Excel

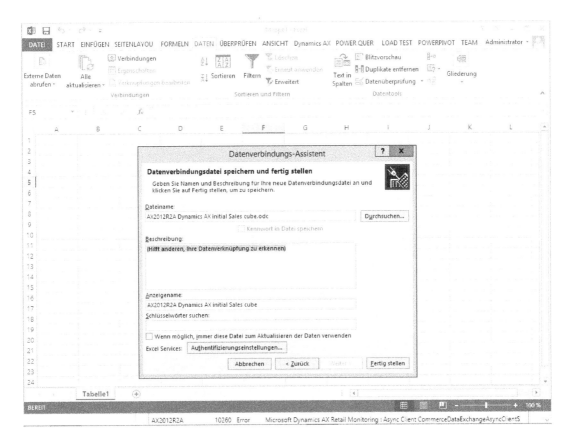

Zum Schluß geben Sie Ihrer Verbindung einen Namen (oder bestätigen die Vorgabe) und klicken dann auf den Schalter Fertig stellen.

Erstelle Reports direkt aus Dynamics AX Cubes mit Hilfe von Excel

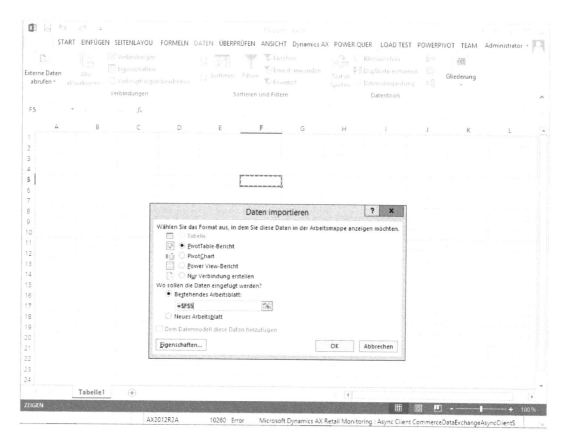

Excel frägt Sie dann, wie Sie Daten aufbereiten wollen – ein PivotTable-Bericht ist für dieses Beispiel gut geeignet – und dann klicken Sie OK.

Erstelle Reports direkt aus Dynamics AX Cubes mit Hilfe von Excel

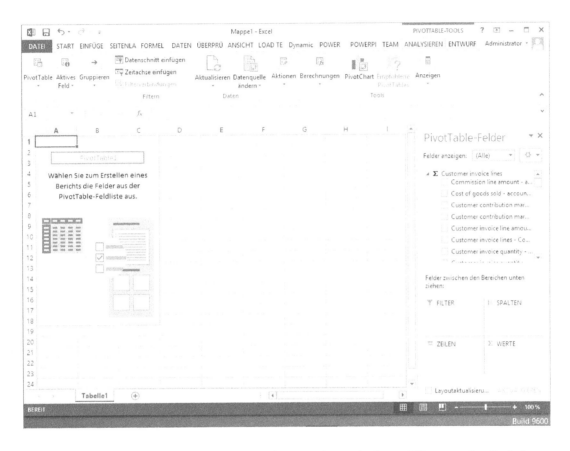

Daraufhin wird ein Arbeitsblatt mit einer leeren PivotTabelle geöffnet sowie alle Cube Dimensionen und Werte auf der rechten Seite. Alle Daten sind gruppiert und mit Namen versehen, die jeder verstehen sollte.

Erstelle Reports direkt aus Dynamics AX Cubes mit Hilfe von Excel

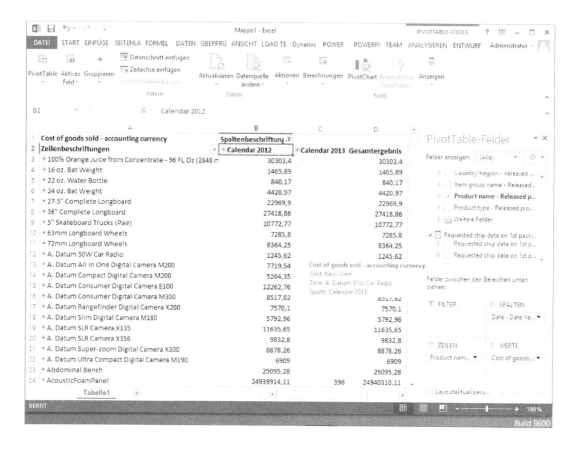

Um einen Report zu erstellen müssen Sie nur die Elemente aus der Feldliste auswählen, die Sie benötigen, und der PivotTabelle hinzufügen.

Aktualisiere mit Excel Dynamics AX Daten mit Hilfe des Excel Add-in

Das Excel Add-In kann mehr als nur Daten nach Excel herunterzuladen. Sie können es auch dazu nutzen, Daten in Dynamics AX bereitzustellen, wodurch es zu einem hervorragenden Werkzeug für den Massenimport von Daten wird sowie zur Feinabstimmung Ihrer Daten, sobald sie sich in Dynamics AX befinden.

Das ist eine bessere Option als eine ODBC Verbindung, die für gewöhnlich genutzt wird, um eine Verbindung aufzubauen und Daten zu aktualisieren, da die Aktualisierung durch Dynamics AX ausgeführt wird. Das heißt: falls es Regeln oder Sicherheitserwägungen zu berücksichtigen gilt, dann wird Dynamics AX dies honorieren.

Aktualisiere mit Excel Dynamics AX Daten mit Hilfe des Excel Add-in

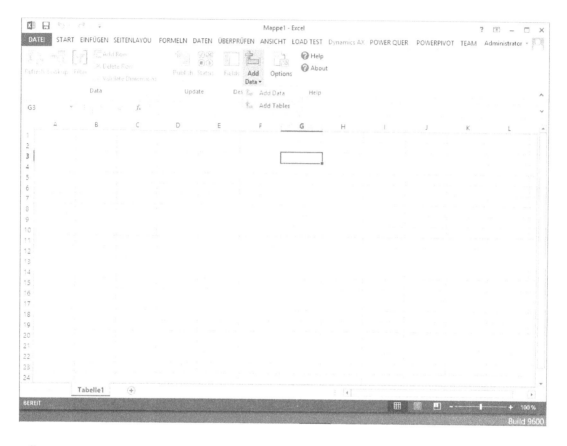

Öffnen Sie Excel, und wählen Sie den Menüpünkt Add Tables vom Menüpunkt Add Data in der Dynamics AX Funktionsleiste

Aktualisiere mit Excel Dynamics AX Daten mit Hilfe des Excel Add-in

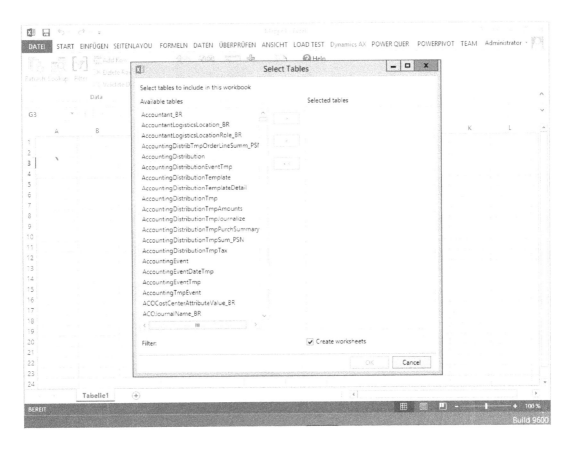

Dies öffnet die Dialogbox Tabellen auswählen (Select Tables) und listet sämtliche Dynamics AX Tabellen auf.

Aktualisiere mit Excel Dynamics AX Daten mit Hilfe des Excel Add-in

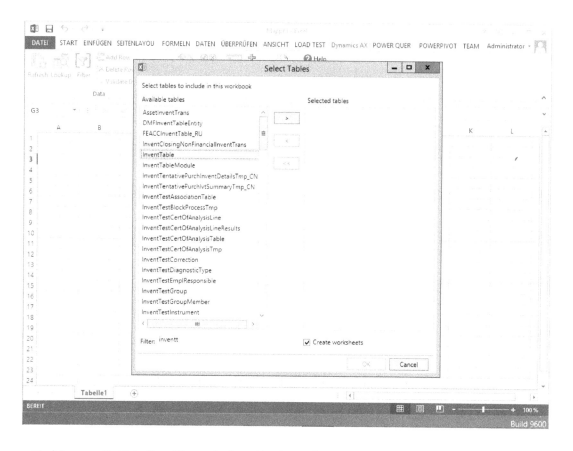

Sie können die Tabellen filtern, indem Sie den Tabellennamen oder Teile davon in das Feld Filter eingeben.

Aktualisiere mit Excel Dynamics AX Daten mit Hilfe des Excel Add-in

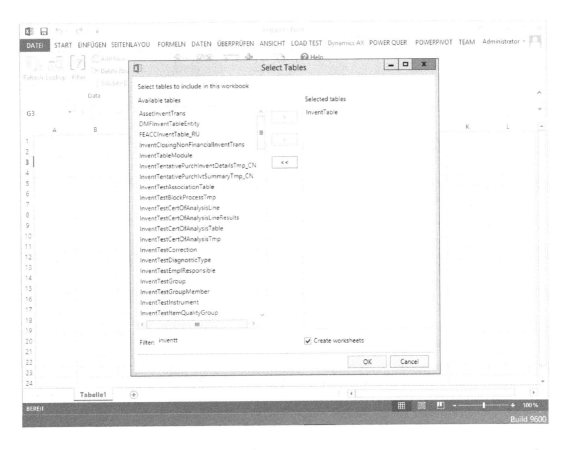

Um die Tabelle dem Arbeitsblatt hinzuzufügen, wählen Sie eine aus, und klicken Sie auf das > Symbol, um sie auf die rechte Spalte ausgewählte Tabellen (Selected tables) zu bewegen. Klicken Sie OK, um die Maske zu verlassen.

Aktualisiere mit Excel Dynamics AX Daten mit Hilfe des Excel Add-in

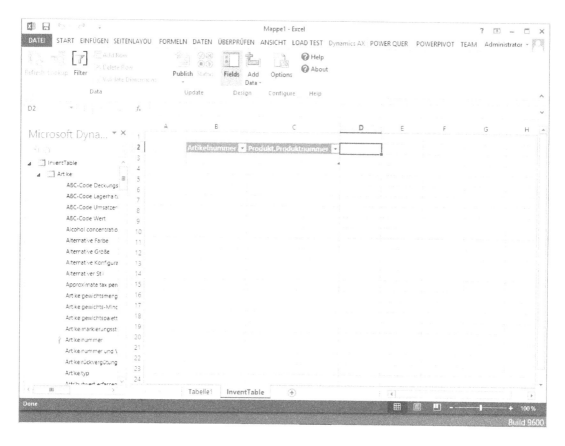

Wenn Sie zu Excel zurückkommen, wird für Sie für jede Tabelle ein Arbeitsblatt mit allen Schlüsselfeldern erstellt, und es wird ebenso auf der linken Seite der Feld Explorer angezeigt, der Ihnen alle verfügbaren Felder der Tabelle zur Verfügung stellt.

Aktualisiere mit Excel Dynamics AX Daten mit Hilfe des Excel Add-in

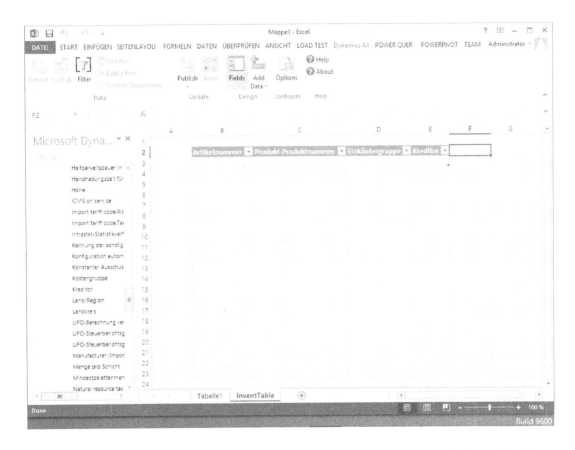

Sie können zusätzliche Felder dem Arbeitsblatt hinzufügen, indem Sie die betreffenden Felder vom Explorer in die Arbeitsblatttabelle ziehen.

Wenn Sie das Hinzufügen weiterer Felder beendet haben, klicken Sie auf den Schalter Felder (Fields) in der Dynamics AX Funktionsleiste, um in den Modus Bearbeiten zurückzukehren.

Aktualisiere mit Excel Dynamics AX Daten mit Hilfe des Excel Add-in

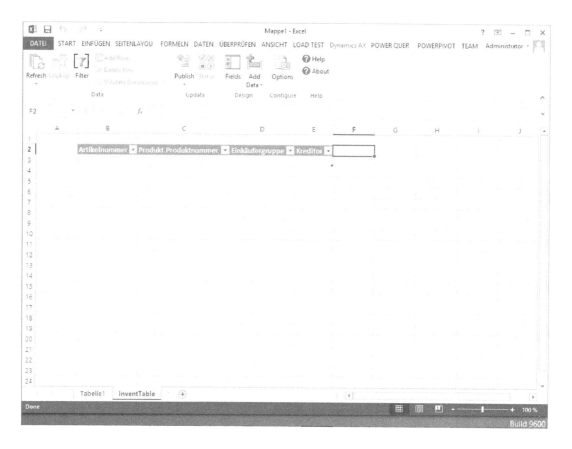

Um die Daten von Dynamics AX zu erhalten, klicken Sie auf den Schalter Aktualisieren (Refresh) in der AX Funktionsleiste.

Aktualisiere mit Excel Dynamics AX Daten mit Hilfe des Excel Add-in

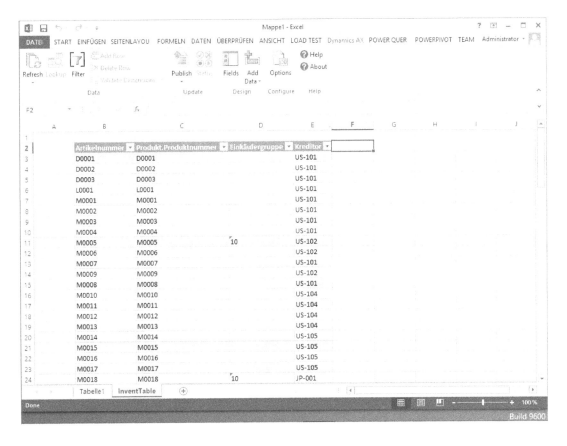

Ihr Arbeitsblatt wird jetzt gefüllt mit den Daten von Dynamics AX.

Aktualisiere mit Excel Dynamics AX Daten mit Hilfe des Excel Add-in

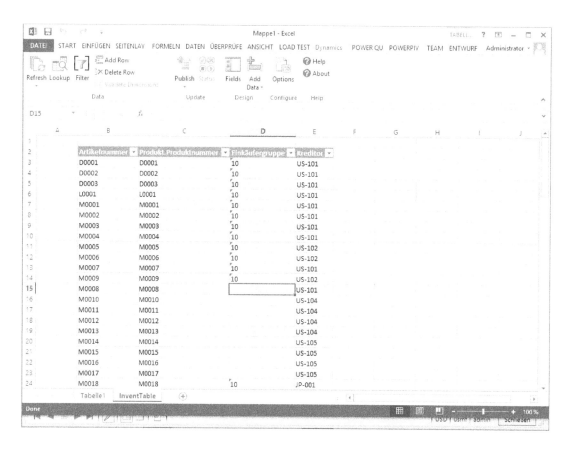

Um Dynamics AX zu aktualisieren, müssen Sie nur die Reihen/Spalten in Excel modifizieren, und dann auf den Menüpunkt Veröffentlichen (Publish All) in der Dynamics AX Funktionsleiste klicken.

Aktualisiere mit Excel Dynamics AX Daten mit Hilfe des Excel Add-in

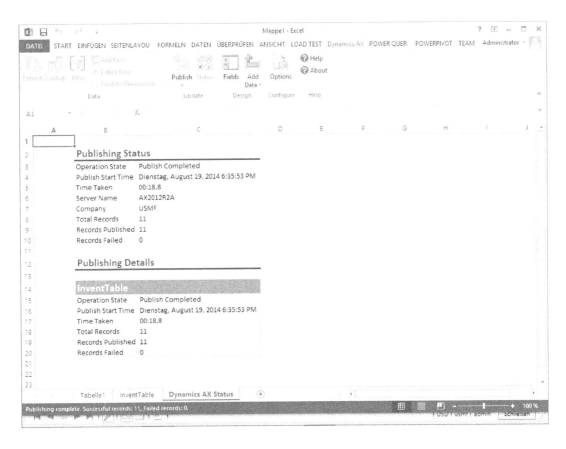

Daraufhin wird ein zusätzliches Arbeitsblatt angelegt, das den Status der Aktualisierung anzeigt und wieviele Datensätze aktualisiert wurden.

Aktualisiere mit Excel Dynamics AX Daten mit Hilfe des Excel Add-in

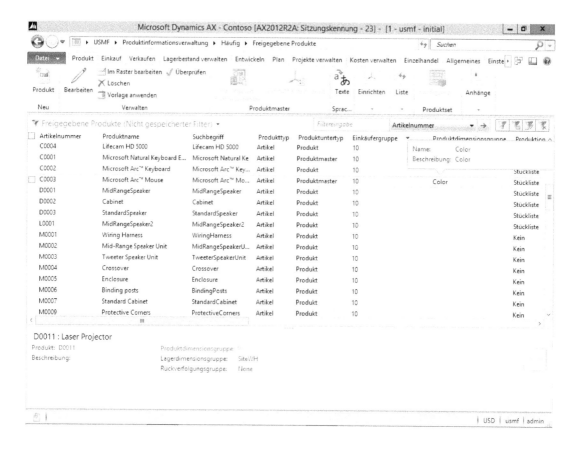

Zurückgekehrt nach Dynamics AX können wir sehen, dass die entsprechenden Datensätze jetzt aktualisert sind.

How simple is that!

Erstelle Reports für Dynamics AX mit Hilfe von Word

Die Office Add-Ins für Dynamics AX sind hervorragend, und viele Personen sind vertraut mit dem Excel Add-In - aber vergessen Sie nicht das Word Add-In. Damit haben Sie die Möglichkeit, maßgeschneiderte Dokumente zu erstellen, die Daten aus Dynamics AX verwenden, fast so wie z.B. einen Serienbrief, ohne das Sie die IT-Abteilung einbinden müssen.

Das gestattet Ihnen, zusammenfassende Dokumente oder interne Reports zu erstellen, die Sie wie jedes andere Word Dokument nach Belieben formatieren und immer wieder verwenden können.

Erstelle Reports für Dynamics AX mit Hilfe von Word

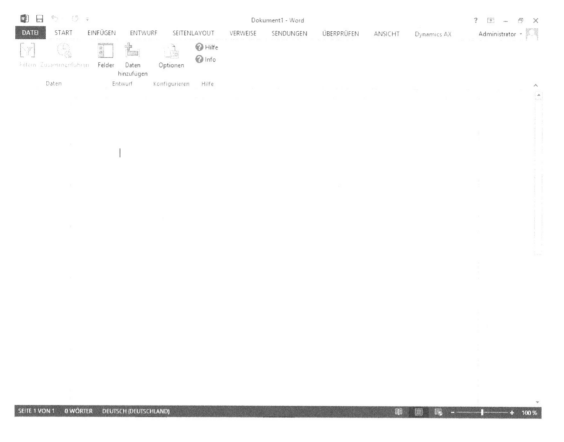

Nachdem Sie Word geöffnet haben, sollten Sie die Dynamics AX Funktionsleiste sehen können, wenn das Dynamics AX Add-In für Office installiert wurde.

Beginnen Sie die Erstellung eines Dokuments, indem Sie den Schalter Daten hinzufügen (Add Data) klicken.

Erstelle Reports für Dynamics AX mit Hilfe von Word

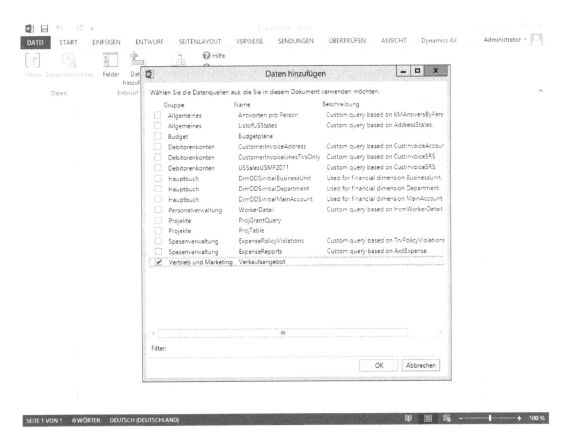

Es wird eine Dialogbox geöffnet, die Ihnen alle veröffentlichten Datenquellen anzeigt, die Sie in Word nutzen können. In diesen Fall wählen wir das Verkaufsangebot.

Erstelle Reports für Dynamics AX mit Hilfe von Word

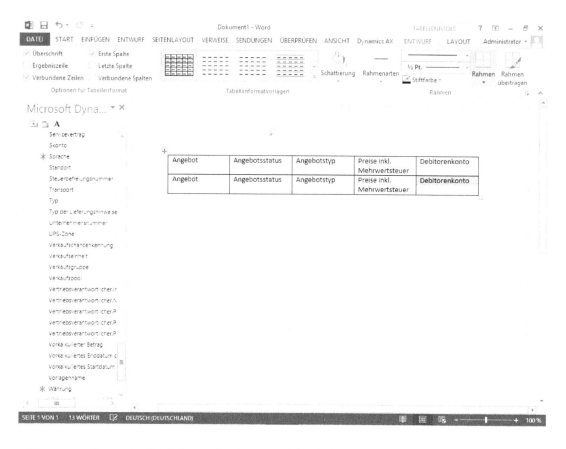

Eine neue Dynamics AX Leiste zeigt Ihnen auf der linken Seite alle verfügbaren Felder, die Sie dem Report hinzufügen können.

Wenn Sie vorher eine Tabelle im Dokument erstellen, dann haben Sie die Möglichkeit, die Felder hinüberzuziehen, um eine Gitter-Vorlage zu generieren.

Beachte: Erstellen Sie eine Tabelle mit zwei Reihen, und ziehen Sie die Felder in die zweite Reihe. Das Word Add-In wird daraufhin automatisch einen Kopf in der ersten Reihe erzeugen.

Erstelle Reports für Dynamics AX mit Hilfe von Word

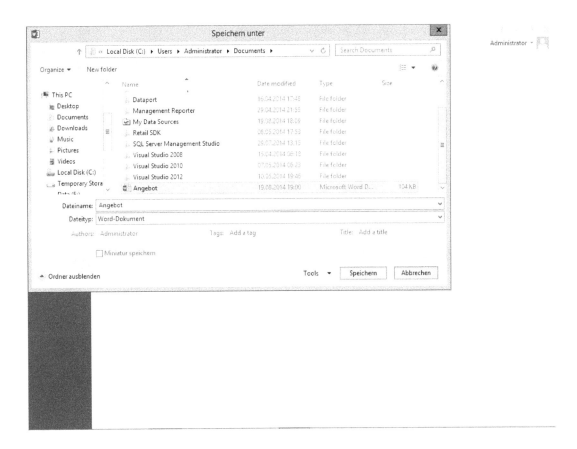

Nachdem Sie das getan haben, speichern Sie den Report.

Erstelle Reports für Dynamics AX mit Hilfe von Word

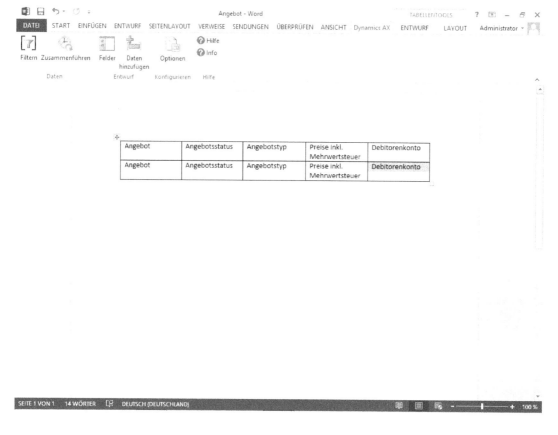

Jetzt kehren Sie zur Dynamics AX Funktionsleiste zurück, und klicken auf den Schalter Zusammenführen.

Erstelle Reports für Dynamics AX mit Hilfe von Word

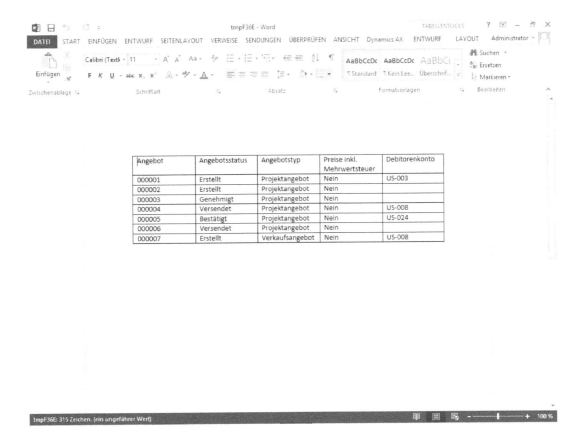

Sodann wird ein neues Word Dokument – basierend auf der Vorlage – mit allen von Dynamics AX zur Verfügung gestellten Daten erstellt.

Bestücke Textbausteine mit Dynamics AX Daten mit Hilfe einer Word Vorlagen

Die Dokumentmanagement-Funktion gestattet es Ihnen Anhänge zu kreieren, die auf einer Word Vorlage basieren. Diese Funktion ist deswegen besonders wertvoll, da Sie das Dokument unmittelbar mit Daten des Datensatzes befüllen können, für den Sie den Anhang gerade erstellen.

Jeder hat Vorlagen auf seinem Computer abgelegt, die er kontinuierlich als Textbausteine verwendet. Es bringt Sie einen Schritt vorwärts, wenn all diese Dokumente für Sie – basierend auf den Textbausteinen – erstellt werden … und sie nicht mehr auf einen persönlichen Computer verborgen sind.

Bestücke Textbausteine mit Dynamics AX Daten mit Hilfe einer Word Vorlagen

Beginnen Sie mit der Erstellung der Dokument Vorlage.

Um einen Platzhalter für die Dynamics AX Daten hinzuzufügen, bewegen Sie den Mauszeiger zu der Stelle, wo die Daten erscheinen sollen, und klicken auf den Schalter Link in der Funktionsleiste Einfügen, und wählen Sie den Menüpunkt Textmarke (Bookmark).

Bestücke Textbausteine mit Dynamics AX Daten mit Hilfe einer Word Vorlagen

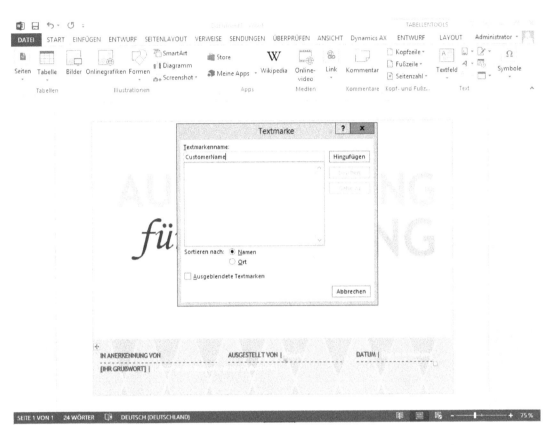

Wenn die Textmarke Dialogmaske angezeigt wird, geben Sie den Namen für den Platzhalter ein, und klicken Sie Hinzufügen.

Danach schließen Sie die Maske.

Bestücke Textbausteine mit Dynamics AX Daten mit Hilfe einer Word Vorlagen

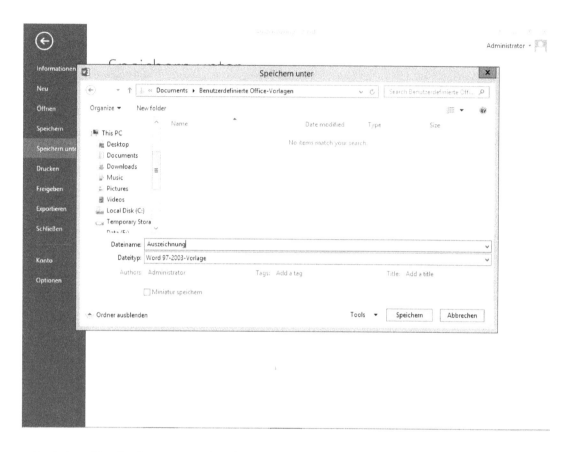

Nachdem Sie alle Ihre Textmarken (Bookmarks) eingefügt haben, speichern Sie die Datei als Vorlage mit dem .dot Dateityp.

Bestücke Textbausteine mit Dynamics AX Daten mit Hilfe einer Word Vorlagen

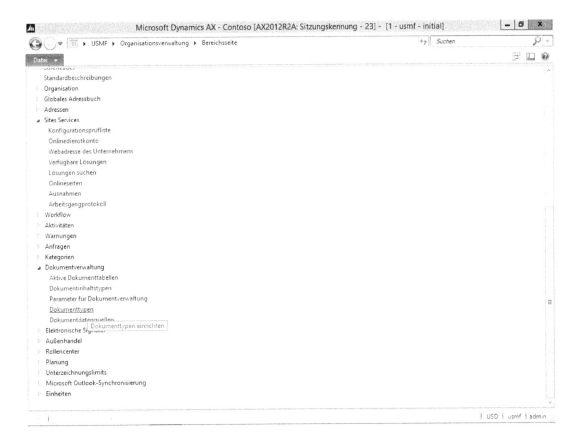

Jetzt klicken Sie den Menüpunkt Dokumenttypen im Dokumentmanagement Ordner im Modul Organisationsverwaltung an.

Bestücke Textbausteine mit Dynamics AX Daten mit Hilfe einer Word Vorlagen

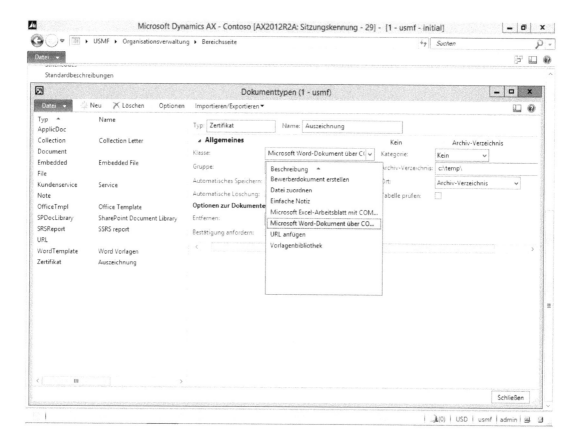

Klicken Sie auf Neu innerhalb der Menüleiste, um einen neuen Datensatz zu erstellen, wählen Sie Typ und Namen für Ihren Dokumenttyp, und dann wählen Sie im Feld Klasse Create a Microsoft Word document by using a Template aus.

Bestücke Textbausteine mit Dynamics AX Daten mit Hilfe einer Word Vorlagen

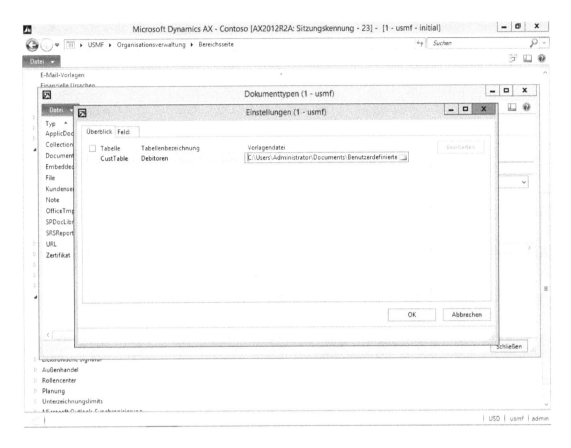

Das aktiviert den Optionsschalter in der Menüleiste, den Sie jetzt anklicken sollten.

Wenn die Eingabemaske Einstellungen erscheint, ergänzen Sie einen neuen Datensatz (CTRL+N) und wählen Sie die Tabelle aus, aus der Sie Daten übernehmen möchten (in diesem Fall die CustTable Tabelle). Dann zeigen Sie mit der Vorlagendatei auf Ihre Word Vorlage.

Bestücke Textbausteine mit Dynamics AX Daten mit Hilfe einer Word Vorlagen

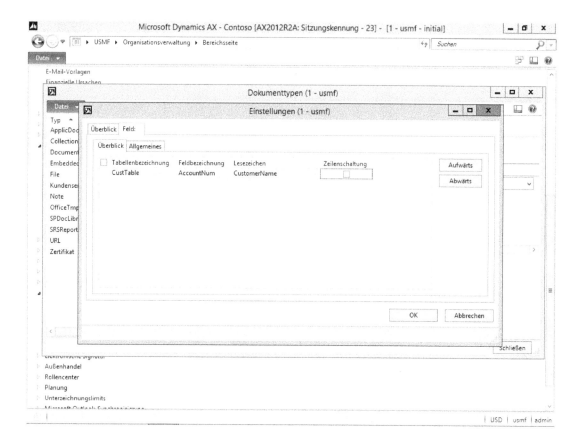

Wechseln Sie zum Register Feld, und ergänzen Sie einen neuen Datensatz für jedes Ihrer Textmarken, die Sie dem Vorlagen-Dokument hinzugefügt haben. Wählen Sie das Datenfeld, das Sie in die Vorlage einbetten wollen, und geben Sie den Textmarker (Lesezeichen) ein, welcher den Feldwert aufnehmen soll.

Wenn Sie alle Ihre Textmarker erfaßt haben, klicken Sie auf OK und verlassen die Maske.

Bestücke Textbausteine mit Dynamics AX Daten mit Hilfe einer Word Vorlagen

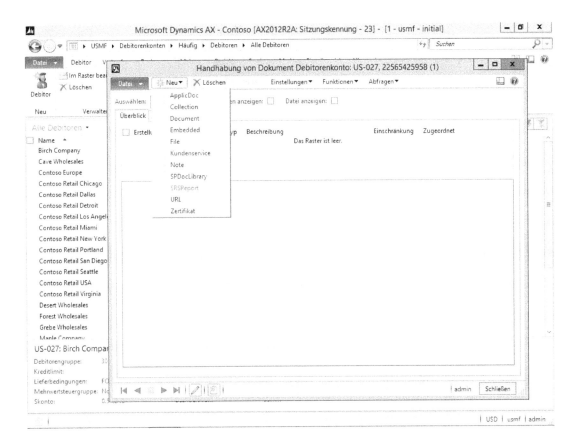

Wenn Sie jetzt die Dokumentvorlage einem Debitor anhängen, und Ihre Debitorentabelle übereinstimmt mit der verknüpften Tabelle in dem neuen Dokumenttyp, wird von Dynamics AX der Wert des hinterlegten Feldes in das Dokument übernommen. Klicken Sie dazu auf den Menüpunkt Öffnen.

Bestücke Textbausteine mit Dynamics AX Daten mit Hilfe einer Word Vorlagen

Damit wird automatisch eine personalisierte Version Ihres Dokuments erstellt.

How cool is that.

Nutze Word Vorlagen zur Erstellung von Standard Kunden Korrespondenz

Bisher haben Sie schon das Dynamics AX Excel Add-In benutzt, um auf Daten zuzugreifen. Aber Sie können auf ähnliche Art und Weise auch in Word Vorlagen erstellen, und auf Knopfdruck Daten direkt aus Dynamics AX einbinden. Aber das ist noch nicht alles, Sie können die Word Vorlage in der Vorlagen Bibliothek abspeichern, und Dynamics AX wird sie für jeden auf seinem Client verfügbar machen.

Das ist eine großartige Möglichkeit, schlanke Reports oder gemeinsam genutzte Vorlagen für Korrespondenzen zu generieren, auf die man unmittelbaren Zugriff hat.

Nutze Word Vorlagen zur Erstellung von Standard Kunden Korrespondenz

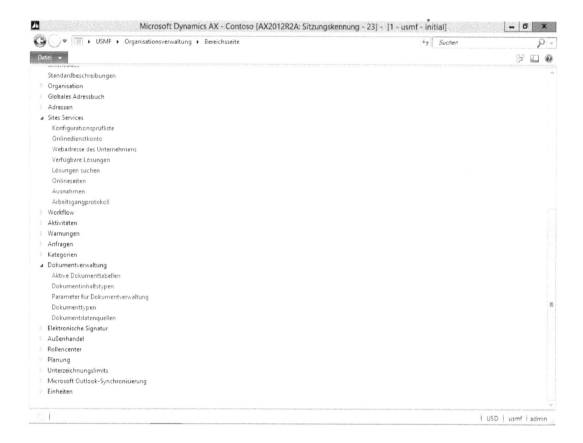

Bevor Sie starten, stellen Sie sicher, dass Sie eine Abfrage (Query) zur Verfügung haben, die Word als Datenquelle verwenden kann. Zudem muß diese Abfrage in derselben Weise mit der Haupttabelle verknüpft sein, die auch im Hauptformular verwendet wird, z.B. CustTable.

Wenn Sie noch keine Abfrage definiert haben, dann können Sie das nachholen, indem Sie auf Dokumentdatenquellen im Ordner Dokumentverwaltung des Moduls Organisationsverwaltung klicken.

Nutze Word Vorlagen zur Erstellung von Standard Kunden Korrespondenz

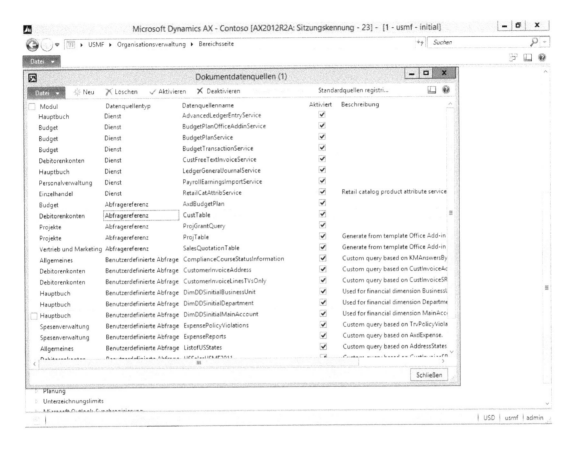

Wenn die Dokumentdatenquellen Eingabemaske angezeigt wird, klicken Sie in der Menüleiste auf Neu, und ergänzen Sie einen neuen Datensatz, der als Datenquellentyp Abfragereferenz hat und einen Datenquellennamen CustTable. Aktivieren Sie die Datenquelle.

Anschließend klicken Sie auf Schließen.

Nutze Word Vorlagen zur Erstellung von Standard Kunden Korrespondenz

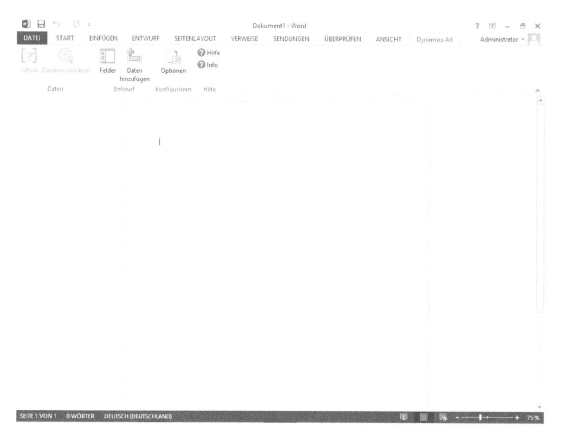

Um eine Vorlage in Word zu erstellen, müssen Sie nur die Dynamics AX Funktionsleiste auswählen und den Menüpunkt Daten hinzufügen klicken.

Nutze Word Vorlagen zur Erstellung von Standard Kunden Korrespondenz

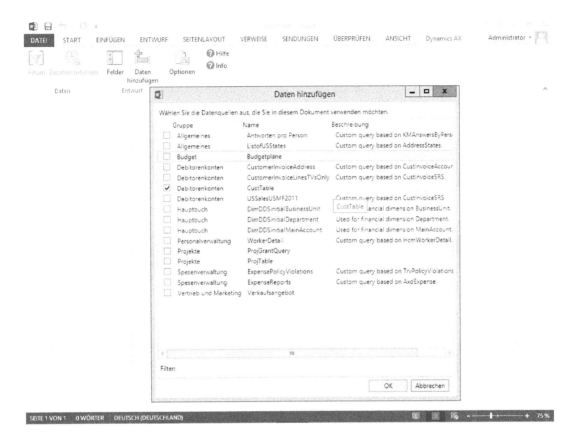

Wenn die Daten hinzufügen Dialogbox angezeigt wird, können Sie die Datenquelle CustTable auswählen und dann OK klicken.

Nutze Word Vorlagen zur Erstellung von Standard Kunden Korrespondenz

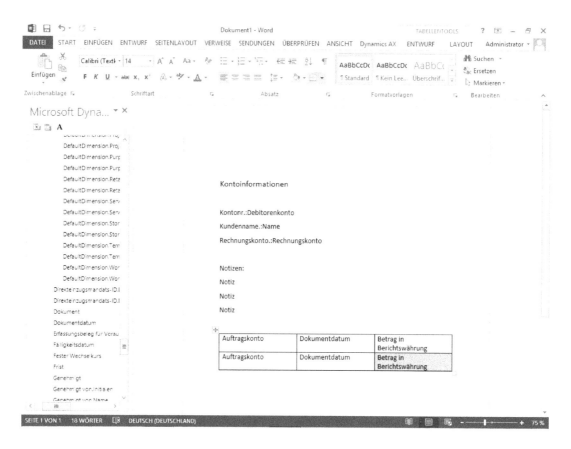

Das öffnet einen Feld Explorer auf der linken Seite, mit dem Sie Felder in das Word Dokument hinüberziehen können zwecks Erstellung von Platzhaltern.

Ergänzend können Sie eine Tabelle als ein sich wiederholendes Element im Word Dokument erstellen.

Wenn Sie die Vorlage erstellt haben, speichern Sie die Vorlage, und klicken dann auf den Schalter Zusammenführen in der Dynamics AX Funktionsleiste.

Nutze Word Vorlagen zur Erstellung von Standard Kunden Korrespondenz

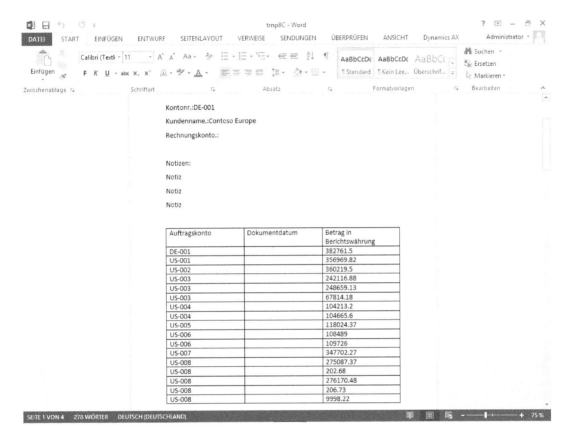

Es wird ein neues Dokument erstellt, das mit Daten aus Dynamics AX befüllt wird.

Nutze Word Vorlagen zur Erstellung von Standard Kunden Korrespondenz

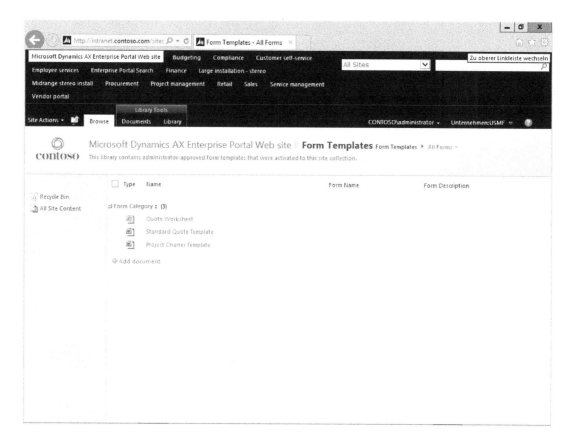

Der nächste Schritt ist, diese Vorlage für andere Benutzer in Dynamics AX zur Verfügung zustellen. Dazu erstellen Sie eine Dokument-Bibliothek in SharePoint und speichern die neue Vorlage hier.

Nutze Word Vorlagen zur Erstellung von Standard Kunden Korrespondenz

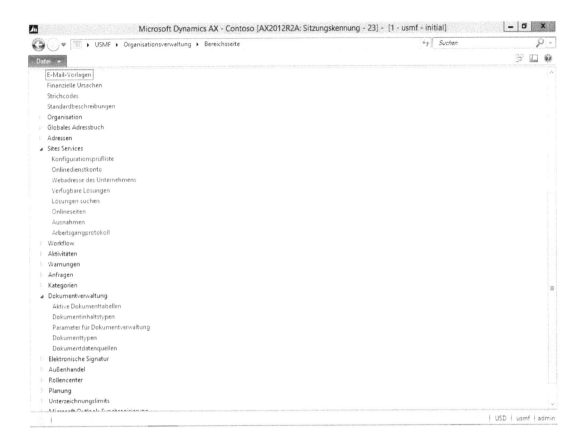

Wenn die Dokument-Bibliothek vorhanden ist, müssen wir sie mit Dynamics AX synchronisieren, indem wir den Menüpunkt Dokumenttypen öffnen im Ordner Dokumentverwaltung.

Nutze Word Vorlagen zur Erstellung von Standard Kunden Korrespondenz

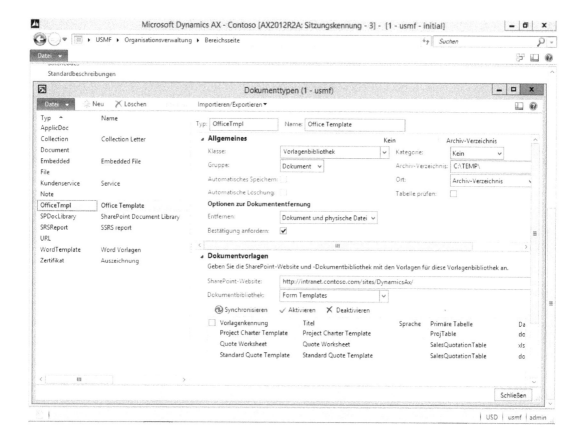

Wenn Sie noch keine haben, erstellen Sie einen neuen Dokumenttyp mit der Klasse Vorlagenbibliothek. Dies erlaubt es Ihnen, auf die SharePoint Seite zu zeigen, wo Sie Ihre Word Dokumentvorlage angebracht haben. Anschließend klicken Sie auf Synchronisieren im Register Dokumentvorlagen.

Dieser Vorgang sollte Ihr Dokument auffinden, und anschließend können Sie es durch klicken auf Aktivieren verfügbar machen.

Nutze Word Vorlagen zur Erstellung von Standard Kunden Korrespondenz

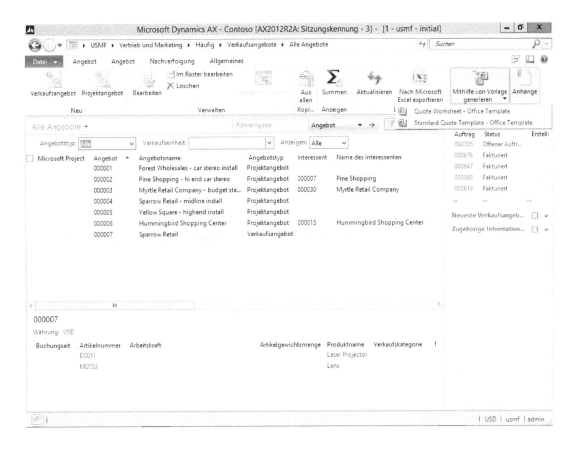

Jetzt können Sie die Eingabemaske, die mit Ihrer Word Vorlage verknüpft ist, öffnen (in diesem Fall die Verkaufsangebote), und wenn Sie den Schalter Mithilfe von Vorlage generieren klicken, können Sie Ihre Dokument Vorlagen sehen, die zur Auswahl angeboten werden.

Nutze Word Vorlagen zur Erstellung von Standard Kunden Korrespondenz

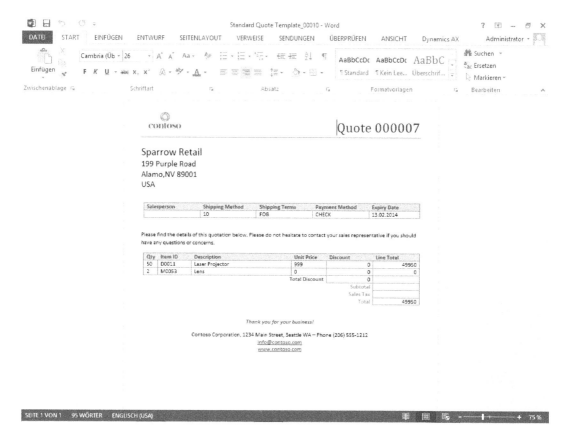

Durch Anklicken wird mit Hilfe der selbsterstellten Merge Vorlage ein neues Word Dokument erzeugt .

Nutze Word Vorlagen zur Erstellung von Standard Kunden Korrespondenz

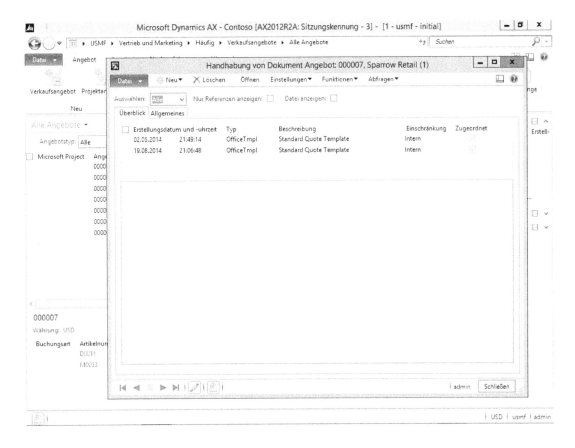

Zudem wird das Dokument als Anhang zum Angebot weggespeichert, so dass Sie jederzeit eine Referenz auf das Dokument vorfinden.

How cool is that.

Aktualisiere Projekt Pläne mit Hilfe von Microsoft Project

Mit dem CU7 Release von Dynamics AX wurde dem Projekt Modul eine neue Funktion hinzugefügt, die es Ihnen erlaubt, Projekte mit Microsoft Project zu verknüpfen, so dass Sie die Projektstruktur in Microsoft Project aktualisieren können, und sämtliche Änderungen werden automatisch in Dynamics AX auf den neuesten Stand gebracht.

Das manuelle Aktualisieren von Projektplänen ist dadurch nicht mehr notwendig.

Aktualisiere Projekt Pläne mit Hilfe von Microsoft Project

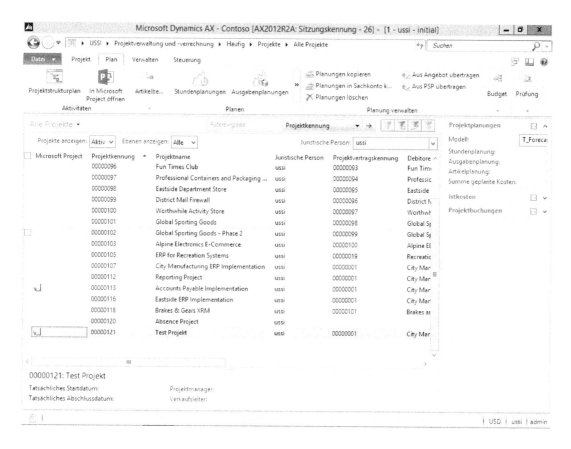

Wählen Sie das Projekt, das Sie verknüpfen und managen wollen mit Hilfe von Microsoft Project, und klicken Sie auf den Schalter In Microsoft Project öffnen in der Plan Funktionsleiste.

Aktualisiere Projekt Pläne mit Hilfe von Microsoft Project

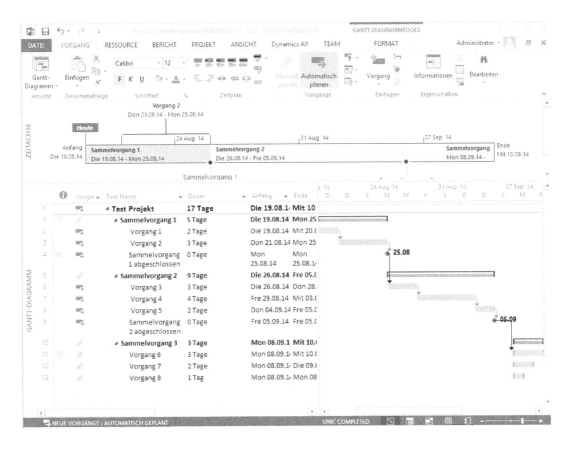

Microsoft Project mit der Projektstruktur (WBS) vom Dynamics AX Projekt wird geöffnet.

Aktualisiere Projekt Pläne mit Hilfe von Microsoft Project

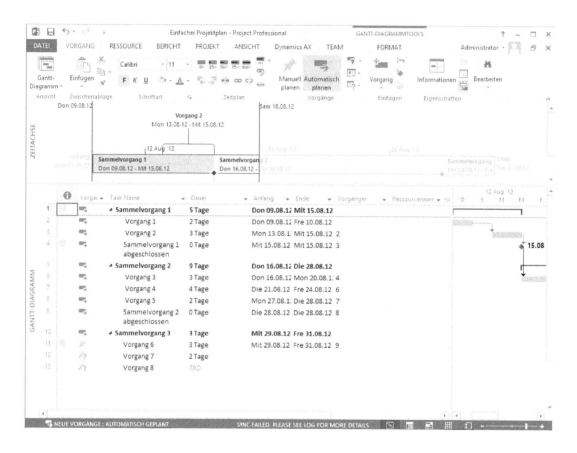

Sie können jetzt alle Projektdetails (z.B. Vorgangsdauer) unmittelbar in Microsoft Project aktualisieren, und wenn Sie fertig sind und Dynamics AX auf den neuesten Stand bringen wollen, schließen Sie einfach Microsoft Project.

Aktualisiere Projekt Pläne mit Hilfe von Microsoft Project

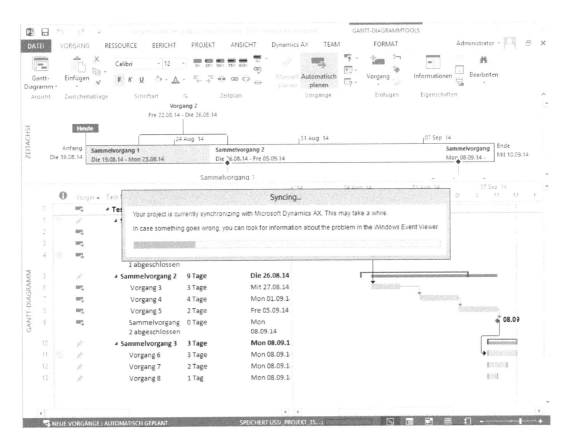

Dadurch wird ein Aktualisierungsvorgang gestartet und sämtliche Änderungen werden nach Dynamics AX zurückgespeichert.

Aktualisiere Projekt Pläne mit Hilfe von Microsoft Project

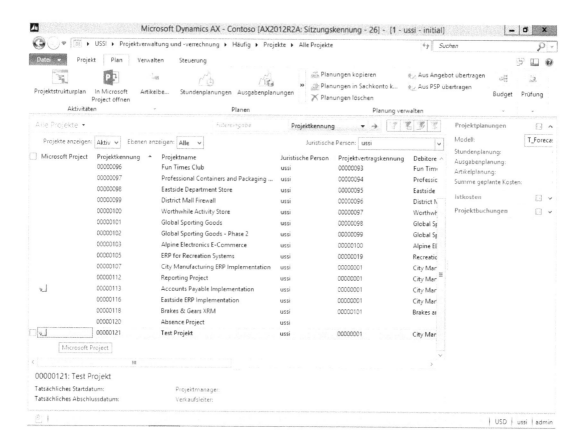

Wenn Sie das Projekt in Dynamics AX betrachten, können Sie links von den Projektinformationen ein Symbol erkennen, das anzeigt, dass es mit Microsoft Project verbunden wurde.

Aktualisiere Projekt Pläne mit Hilfe von Microsoft Project

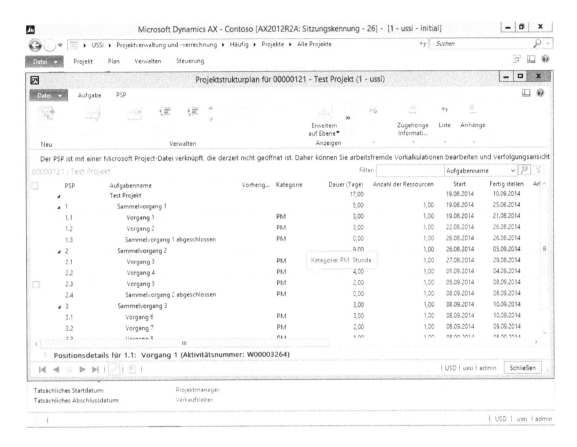

Und wenn Sie den Projektstrukturplan (WBS) betrachten, können Sie sehen, dass die Änderungen, die Sie in Microsoft Project gemacht haben, wiedergespiegelt werden.

Erstelle Projekte in Dynamics AX direkt von Microsoft Project

Jeder hat nun gesehen, dass sich Dynamics AX Projekte unmittelbar in Microsoft Project bearbeiten lassen. Aber die Integration geht noch viel weiter. Wenn Sie einen bestehenden Projektplan haben, den Sie in ein neues Projekt umsetzen möchten, können Sie es direkt von Microsoft Project selbst ausführen.

Das ist eine super Sache, um alle Ihre existierenden Projekte nach Dynamics AX zu migrieren.

Erstelle Projekte in Dynamics AX direkt von Microsoft Project

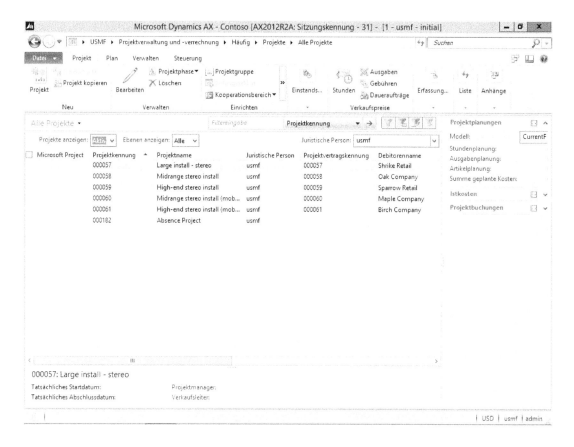

Bevor wir starten überprüfen wir die bestehenden Projekte, um zu sehen, dass das Projekt im System nicht vorhanden ist.

Erstelle Projekte in Dynamics AX direkt von Microsoft Project

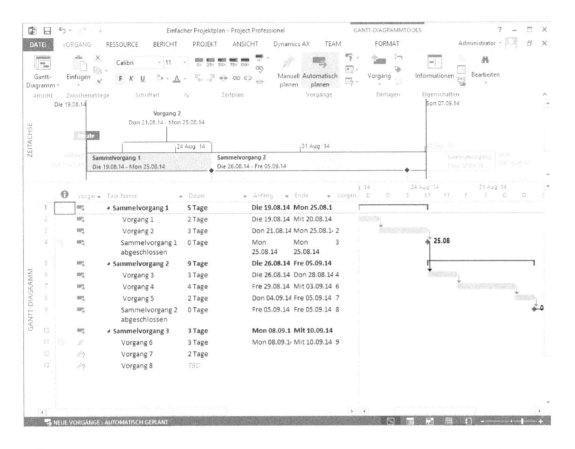

Öffnen Sie Ihren Projektplan in Microsoft Project, und wählen Sie den Menüpunkt Publish New Project in der Dynamics AX Funktionsleiste aus.

Erstelle Projekte in Dynamics AX direkt von Microsoft Project

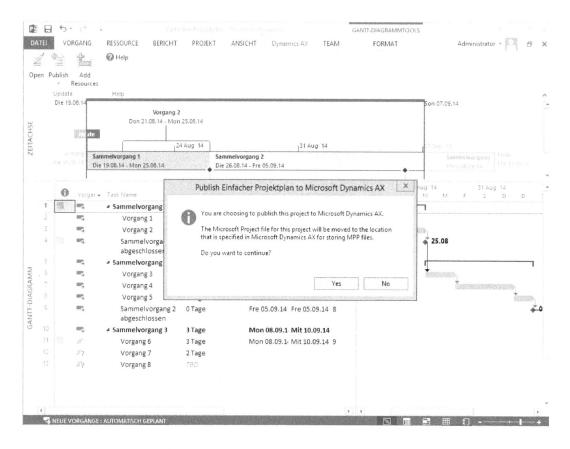

Dynamics AX weist Sie darauf hin, dass der Projektplan auf den Server kopiert wird. Klicken Sie einfach OK (Yes).

Erstelle Projekte in Dynamics AX direkt von Microsoft Project

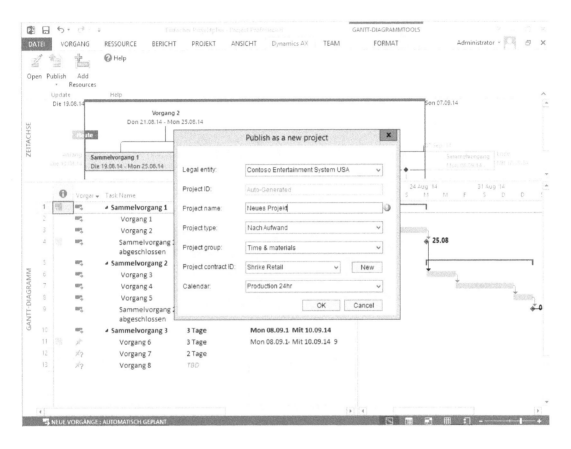

Wenn die Dialogbox Publish As A New Project angezeigt wird, können Sie die Vorgaben ändern und Ihrem Projekt einen Namen geben. Dann klicken Sie auf OK und erstellen in Dynamics AX das Projekt.

Erstelle Projekte in Dynamics AX direkt von Microsoft Project

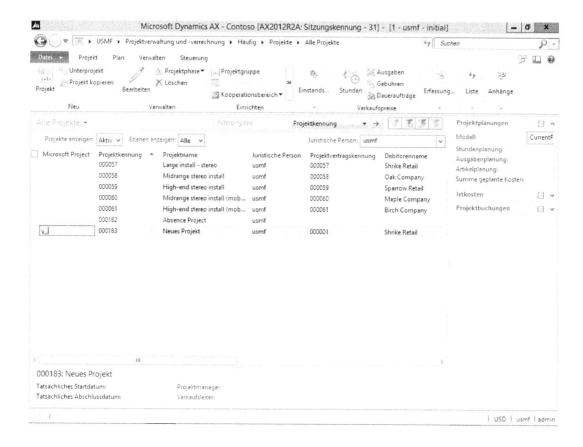

Wenn Sie nun die Projektliste erneut aufrufen, sehen Sie, dass ein neues Projekt erstellt wurde.

Erstelle Projekte in Dynamics AX direkt von Microsoft Project

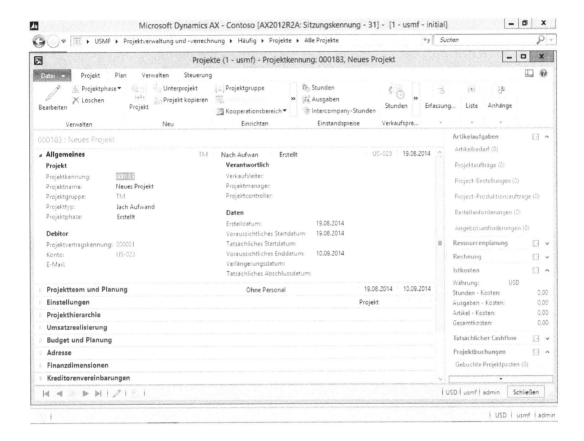

Wenn Sie nun das Projekt öffnen, können Sie erkennen, dass alle wesentlichen Angaben für das Projekt bereits für Sie eingepflegt wurden.

Erstelle Projekte in Dynamics AX direkt von Microsoft Project

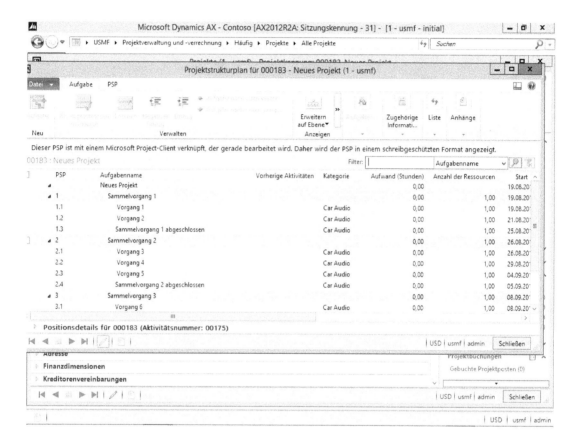

Selbstverständlich ist auch die Projektstruktur übergeben worden.

How easy is that!

REPORTING TIPPS

Obgleich die Standard Reports, die mit Dynamics AX geliefert werden, gut sind, können Sie persönliche Reports kreieren, indem Sie sich einige nicht sofort erkennbare Reporting Werkzeuge zu Nutze machen. Sie können die Datenwürfel (Cubes), die von Dynamics AX bereitgestellt werden, inanspruchnehmen, Sie können mit Hilfe von Excel und PowerView Dashboards erstellen, und Sie können auch Daten direkt von Dynamics AX in Office 365 veröffentlichen, um Abfragen und Reports mit anderen zu teilen.

In diesem Kapitel zeigen wir Ihnen Wege auf, die Ihnen wahrscheinlich nicht vertraut sind, um Reports zu erstellen und zu teilen.

Stelle die Standard Cubes bereit für sofortigen Zugriff auf Geschäftsinformationen

Dynamics AX 2012 wird vorkonfiguriert mit 16 Reporting Cubes ausgeliefert, die die Daten in eine mehr benutzerfreundliche Darstellung extrahieren. Sie können diese Cubes dazu nutzen, um eigene Reports und Dashboards zu erstellen, und Sie müssen kein Datenbankexperte sein, um die Daten zu verstehen. Jeder Benutzer sollte in der Lage sein, seinen Nutzen daraus zu ziehen.

Sie denken nun bestimmt, dass die Erstellung der Cubes eine mühselige Arbeit ist, dass eine Menge Design- und Planungsarbeit vorausgesetzt wird, und das es Wochen oder Monate in Anspruch nimmt, sie aufzusetzen und zum Laufen zu bringen. Aber das ist nicht der Fall. Sie müssen nur einen einfachen Bereitstellungs-Assistenten (Wizard) starten und innerhalb von Minuten stehen die Cubes zur Verfügung.

Worauf warten Sie ?

Stelle die Standard Cubes bereit für sofortigen Zugriff auf Geschäftsinformationen

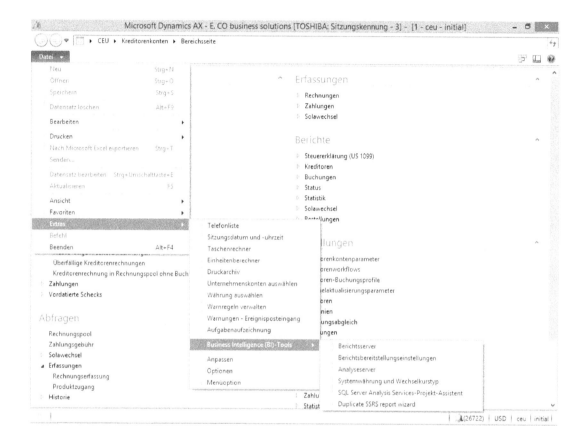

Vom Menübefehl Datei wählen Sie das Untermenü Extras, und dann das Untermenü Business Intelligence(BI)- Tools, und wählen Sie dann den Menüpunkt SQL Server Analysis Services-Projekt-Assistant aus.

Stelle die Standard Cubes bereit für sofortigen Zugriff auf Geschäftsinformationen

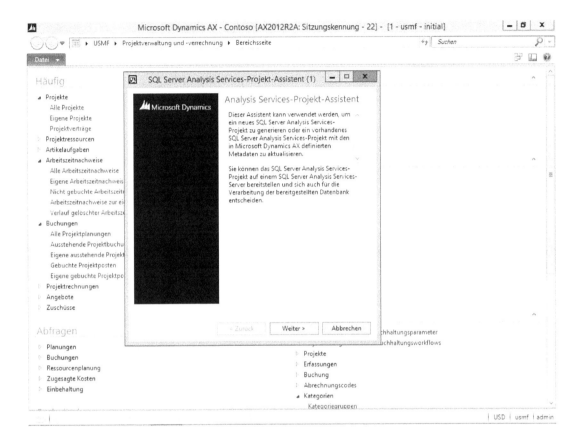

Daraufhin wird der Analysis Services Projekt Assistant gestartet. Klicken Sie auf den Weiter Schalter.

Stelle die Standard Cubes bereit für sofortigen Zugriff auf Geschäftsinformationen

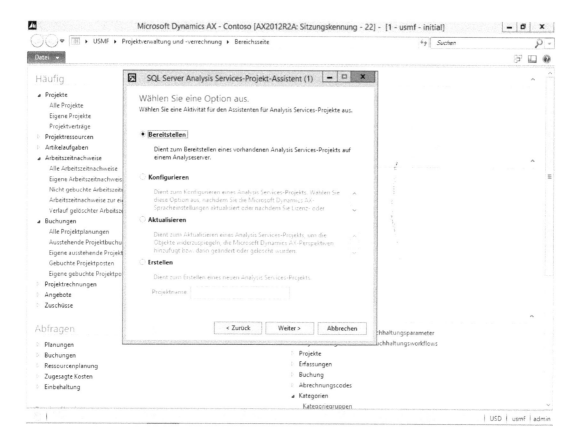

Wählen Sie die Option Bereitstellen, um die standardmäßig vorhandenen 16 Datenwürfel (Cubes) eines bestehenden Projektes zu erstellen, und klicken Sie auf Weiter.

Stelle die Standard Cubes bereit für sofortigen Zugriff auf Geschäftsinformationen

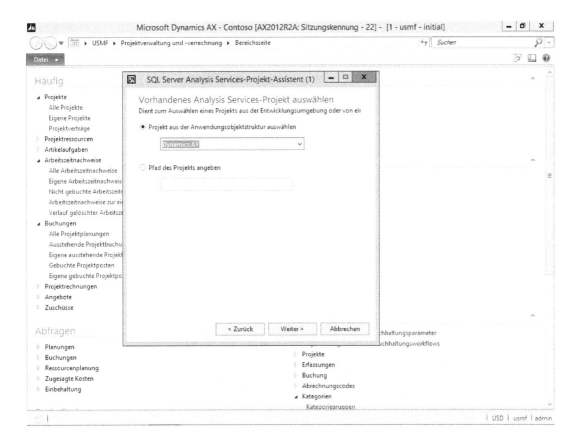

Dann wählen Sie aus der Auswahlliste das vorhandene Dynamics AX Analysis Service-Projekt aus und klicken auf Weiter.

Stelle die Standard Cubes bereit für sofortigen Zugriff auf Geschäftsinformationen

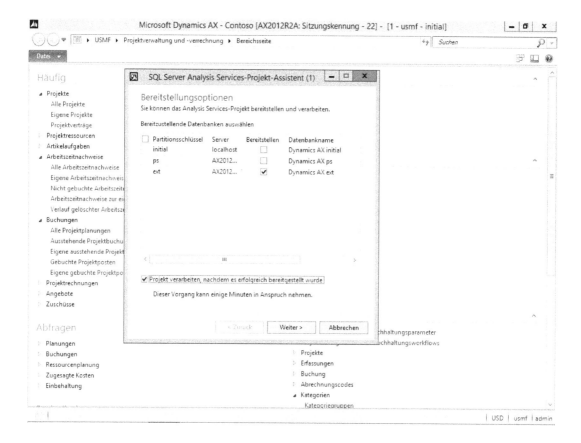

Wenn die Bereitstellungsoptionen angezeigt werden, wählen Sie die Partition aus, für die Sie die Cubes erstellen wollen, und klicken Sie dann auf Weiter.

Beachte: Es kann sein, dass Sie nur über eine Partition verfügen.

Außerdem aktivieren Sie Projekt verarbeiten, nachdem es erfolgreich bereitgestellt wurde. Dadurch werden die Daten verarbeitet, so dass Sie sofort in der Lage sind, Reports zu erstellen.

Stelle die Standard Cubes bereit für sofortigen Zugriff auf Geschäftsinformationen

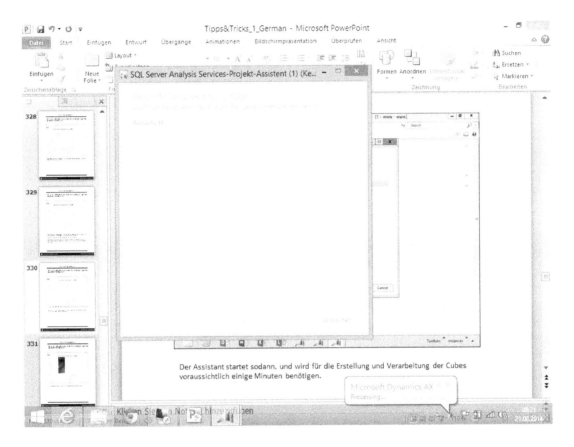

Der Assistant startet sodann, und wird für die Erstellung und Verarbeitung der Cubes voraussichtlich einige Minuten benötigen.

Stelle die Standard Cubes bereit für sofortigen Zugriff auf Geschäftsinformationen

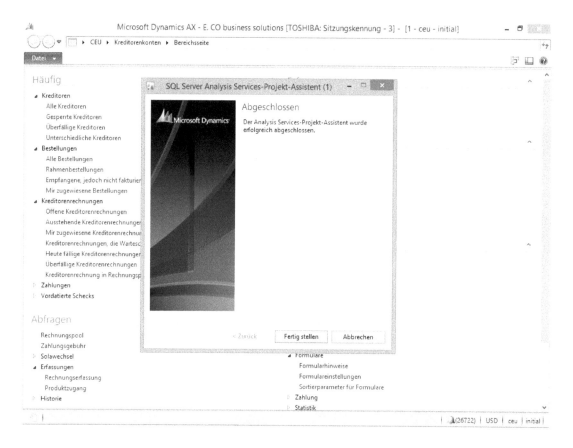

Jetzt können Sie den Assistenten verlassen, indem Sie auf Fertig stellen klicken.

Stelle die Standard Cubes bereit für sofortigen Zugriff auf Geschäftsinformationen

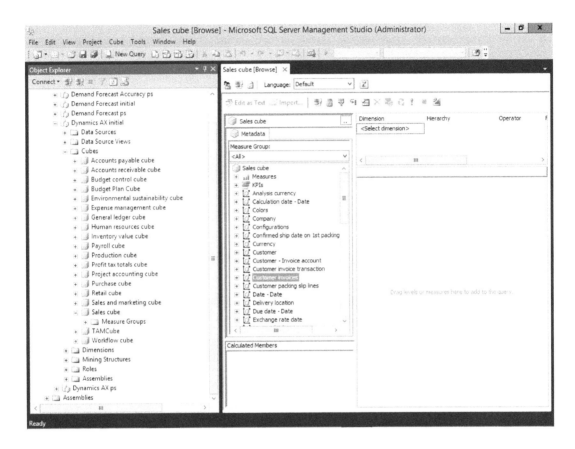

Wenn Sie die Analysis Services Cubes im SQL Server Management Studio betrachten, können Sie sämtliche Cubes sehen, die der Assistant gerade erstellt hat.

Erstelle PowerView Dashboards direkt von Dynamics AX

Wenn Sie Ihren Dynamics AX Bildschirm genau betrachten, können Sie einen neuen Schalter mit der Bezeichnung Daten analysieren erkennen. Wenn Sie den Button sehen, klicken Sie darauf - soweit Sie können -, weil dadurch ein PowerView Reporting Dashboard geöffnet wird, das es Ihnen gestattet, spontan eigene Reports zu erstellen.

Mit diesem neuen Werkzeug können Sie Ihre eigenen Dashboards und Reports erstellen, ohne das Sie die IT Abteilung belästigen müssen.

Erstelle PowerView Dashboards direkt von Dynamics AX

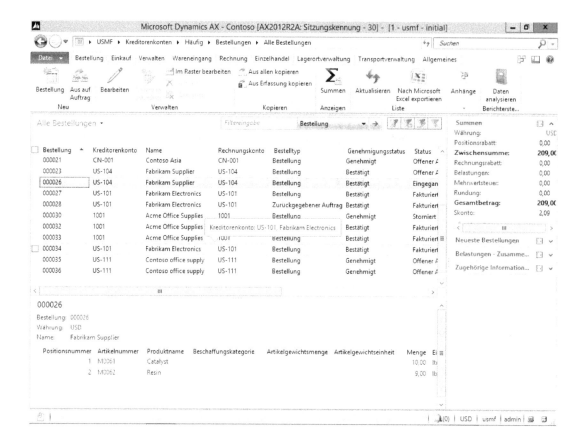

Wenn Sie den Schaltknopf Daten analysieren in der Funktionsleiste sehen, klicken Sie auf ihn.

Erstelle PowerView Dashboards direkt von Dynamics AX

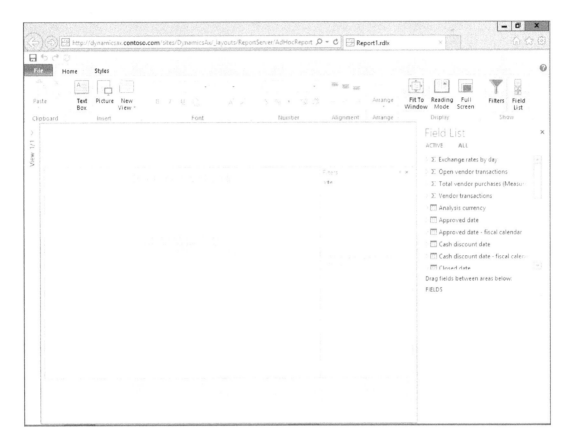

Es wird eine PowerView Reporting Leinwand geöffnet mit allen Dimensionen und Kennziffern des Standard Dynamics AX Cubes.

Erstelle PowerView Dashboards direkt von Dynamics AX

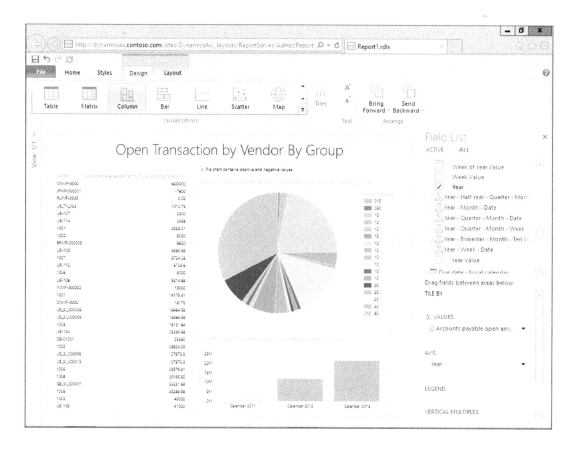

Sie müssen jetzt nur noch Ihr Dashboard erstellen.

Erstelle PowerView Reports mit Analysis Services Cubes in Excel mit Hilfe von PowerPivot

Wenn Sie jemals versucht haben, einen PowerView Report in Excel zu erstellen, der unmittelbar mit einem Analysis Service Cube bestückt wurde, dann haben Sie vielleicht ein kleines Hindernis bemerkt, wo PowerView die Arbeit verweigert. Sie können aber PowerView mit Hilfe von PowerPivot überlisten, indem Sie es glauben lassen, dass eine "echte" Tabelle abfragt wird.

Die einzige Kehrseite ist, dass wir PowerQuery nicht mehr so häufig nutzen ...

Erstelle PowerView Reports mit Analysis Services Cubes in Excel mit Hilfe von PowerPivot

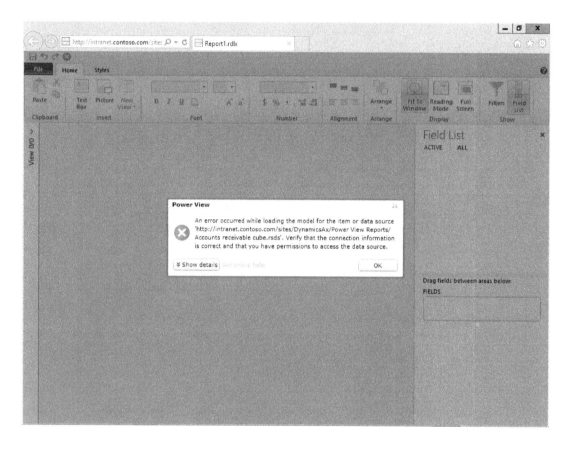

Hier ist das Problem ...

Erstelle PowerView Reports mit Analysis Services Cubes in Excel mit Hilfe von PowerPivot

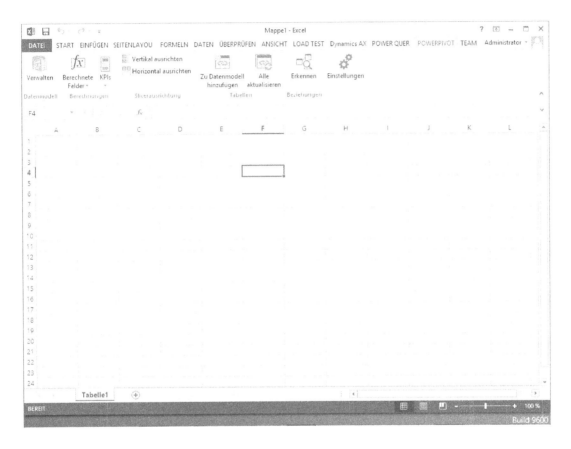

Öffnen Sie Excel, und klicken Sie dann in der POWERPIVOT Funktionsleiste auf den Schalter Verwalten.

Erstelle PowerView Reports mit Analysis Services Cubes in Excel mit Hilfe von PowerPivot

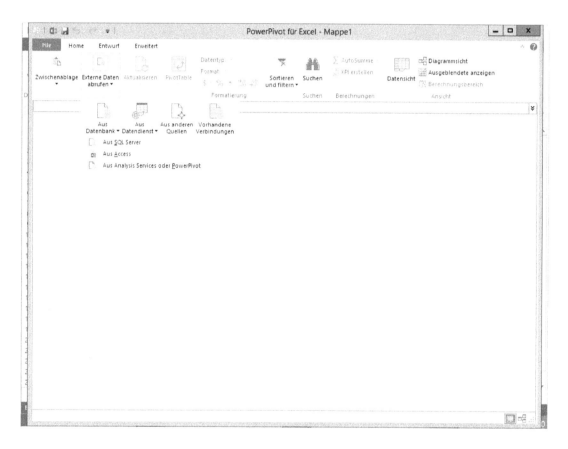

Wenn der PowerPivot Manager angezeigt wird, klicken Sie auf den Menüpunkt Externe Daten abrufen und wählen den Menüpunkt Aus Analysis Services oder PowerPivot aus.

Erstelle PowerView Reports mit Analysis Services Cubes in Excel mit Hilfe von PowerPivot

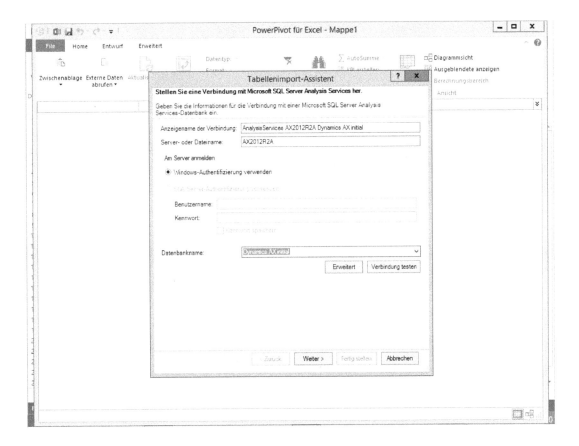

Wenn der Tabellenimport-Assistent Dialog angezeigt wird, spezifizieren Sie den Servernamen sowie die Datenbank und klicken auf Weiter.

Erstelle PowerView Reports mit Analysis Services Cubes in Excel mit Hilfe von PowerPivot

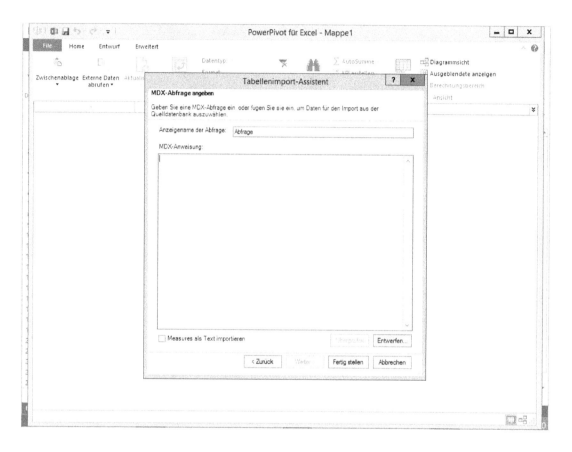

Anstatt die MDX Anweisung manuell einzugeben, klicken Sie im Tabellenimport-Assistenten auf den Schalter Entwerfen.

Erstelle PowerView Reports mit Analysis Services Cubes in Excel mit Hilfe von PowerPivot

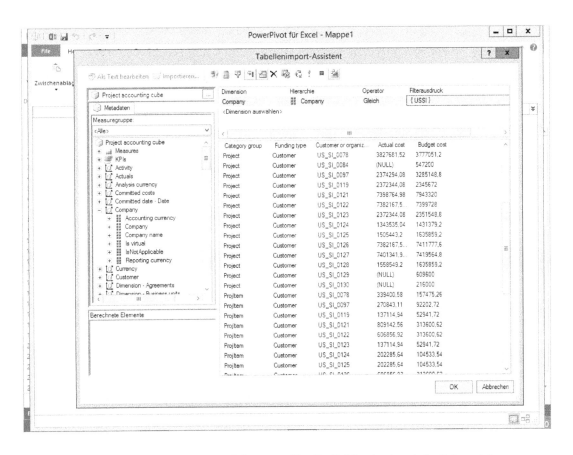

Wenn der Designer angezeigt wird, können Sie die Felder in den Arbeitsbereich hinüberziehen und visuell Ihre Abfrage erstellen. Nach Fertigstellung der Abfrage klicken Sie auf OK.

Erstelle PowerView Reports mit Analysis Services Cubes in Excel mit Hilfe von PowerPivot

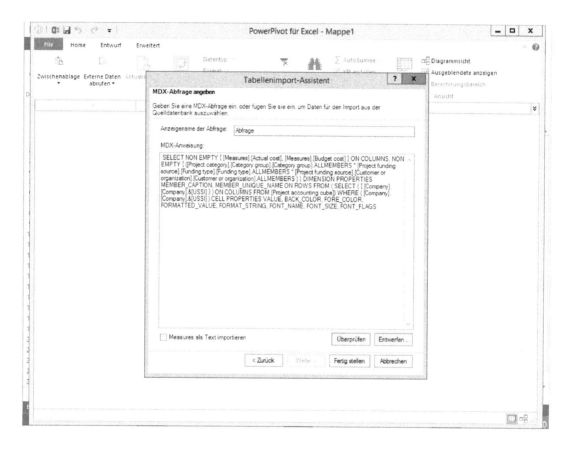

Wenn Sie zur Ausgangsseite Tabellenimport-Assistent zurückkehren, klicken Sie auf Fertig stellen, um den Import zu vervollständigen.

Erstelle PowerView Reports mit Analysis Services Cubes in Excel mit Hilfe von PowerPivot

Wenn alles korrekt abgelaufen ist, importiert PowerPivot alle Datensätze für Sie, und Sie können Schließen drücken.

Erstelle PowerView Reports mit Analysis Services Cubes in Excel mit Hilfe von PowerPivot

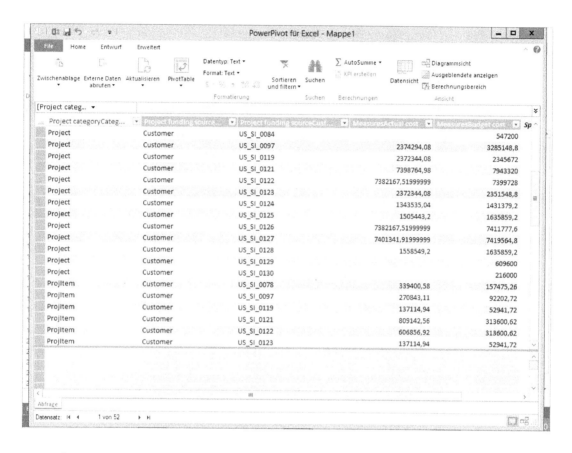

Jetzt können Sie unmittelbar im PowerPivot Manager Ihre Abfrage (Query) von den Analysis Services Cubes sehen, und Sie können das Formular schließen.

Erstelle PowerView Reports mit Analysis Services Cubes in Excel mit Hilfe von PowerPivot

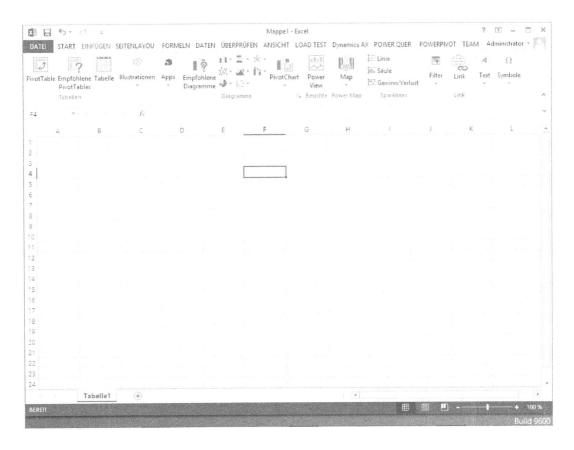

Nun erstellen Sie ein PowerPivot Arbeitsblatt durch Klicken auf den PowerView Schalter in der Einfügen Funktionsleiste.

Erstelle PowerView Reports mit Analysis Services Cubes in Excel mit Hilfe von PowerPivot

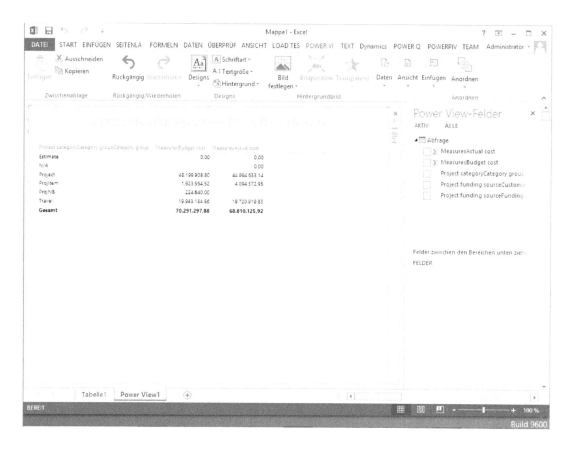

Wenn die PowerView Leinwand angezeigt wird, können Sie beginnen, Ihre Dimensionen und Kennziffern geradewegs von der vorher erstellten Abfrage hinzuzufügen.

Erstelle PowerView Reports mit Analysis Services Cubes in Excel mit Hilfe von PowerPivot

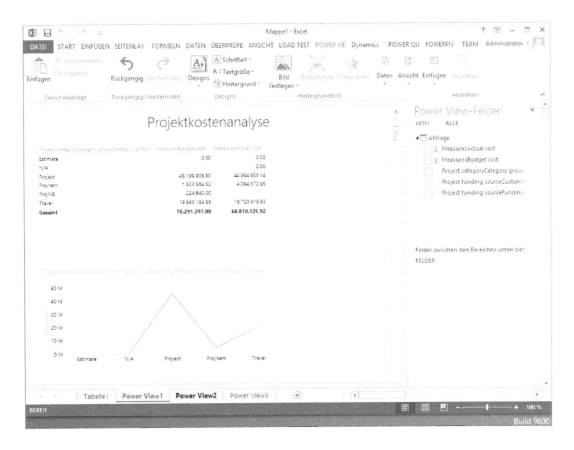

Wenn Sie noch etwas mehr Zeit investieren, können Sie ein informatives Dashboard gestalten.

Einbetten von PowerView Reports in Ihr Role Center

PowerView ist eine großartige Möglichkeit, eigene Dashboards und Analysen von Dynamics AX zu erstellen, da jeder die Möglichkeit besitzt, sie zu nutzen… Wenn Sie allerdings ein "cooles" Dashboard gestalten, müssen sie es nicht als Ihre persönliche Datei verbergen. Sie können es mit anderen Personen teilen, indem Sie es in den PowerView Report Ordner zurückspeichern, und Sie können es ebenfalls für jeden verfügbar machen, indem Sie das Dashboard Ihren Standard Role Center hinzufügen, so dass jeder daraus einen Nutzen ziehen kann.

Geben Sie Ihre Dashboards frei !

Einbetten von PowerView Reports in Ihr Role Center

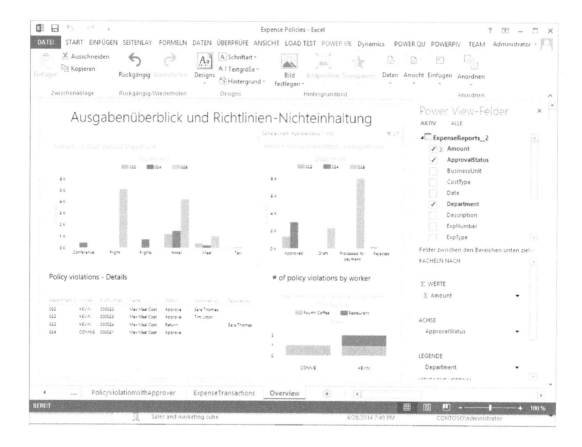

Als erstes müssen Sie mit Hilfe von PowerView Ihr Dashboard erstellen.

Einbetten von PowerView Reports in Ihr Role Center

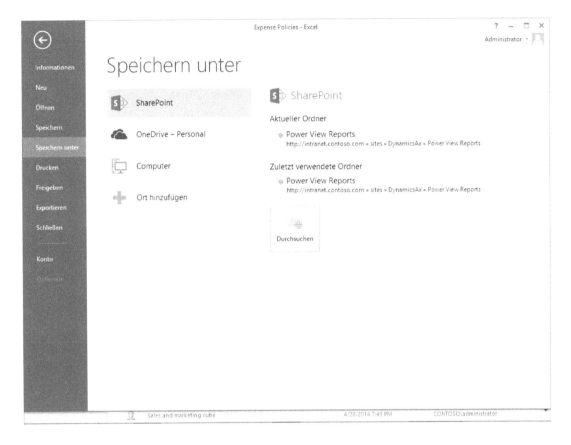

Um Ihren Report zu teilen, müssen Sie ihn auf dem Server ablegen. Im Dateimenü wählen Sie deswegen den Menüpunkt Speichern unter.

Einbetten von PowerView Reports in Ihr Role Center

Wenn die Dialogbox Speichern unter erscheint, geben Sie Ihren Dashboard einen Dateinamen und klicken dann auf Speichern.

Einbetten von PowerView Reports in Ihr Role Center

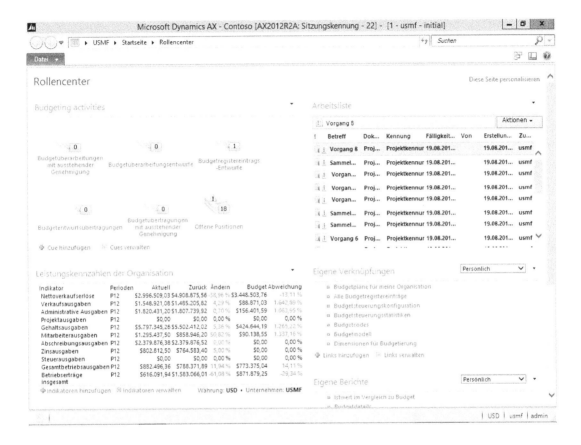

Um den PowerView Report Ihrem Role Center hinzuzufügen, klicken Sie zuerst rechts oben auf die Verknüpfung Diese Seite personalisieren.

Einbetten von PowerView Reports in Ihr Role Center

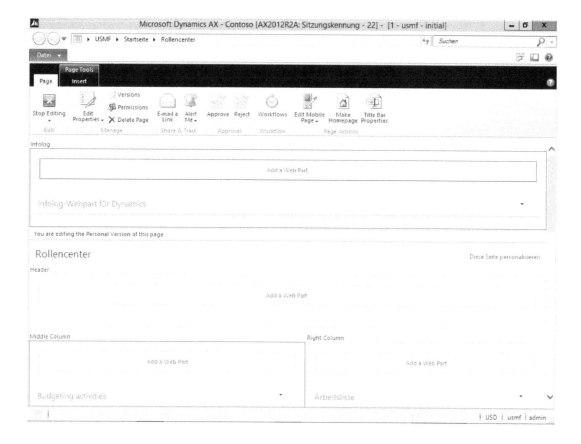

Wenn das Role Center in den Design Modus wechselt, klicken Sie auf den Verweis Add a Web Part in dem Bereich, wo Sie das Dashboard hinzufügen möchten.

Einbetten von PowerView Reports in Ihr Role Center

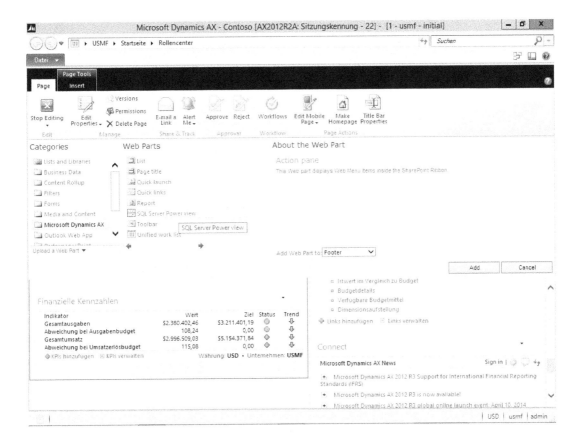

Daraufhin wird der Web Part Browser geöffnet, und von der Kategorieliste wählen Sie die Microsoft Dynamics AX Kategorie aus, und von der Web Parts Auswahlliste selektieren Sie den Menüpunkt SQL Server PowerView. Dann klicken Sie auf hinzufügen, um es Ihrem Role Center hinzuzufügen (Add).

Einbetten von PowerView Reports in Ihr Role Center

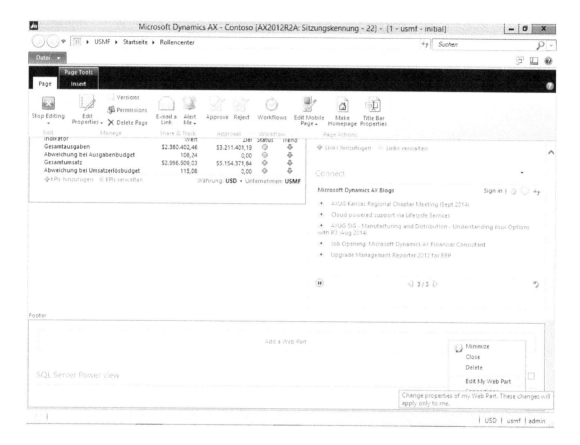

Wenn das Role Center aktualisiert ist, werden Sie bemerken, dass ein neues SQL Server Power View Panel hinzugefügt wurde, aber kein Dashboard augenblicklich damit assoziiert ist.

Klicken Sie jetzt auf den kleinen Pfeil rechts vom Web Part Namen und wählen Sie den Menüpunkt Edit My Web Part aus.

Einbetten von PowerView Reports in Ihr Role Center

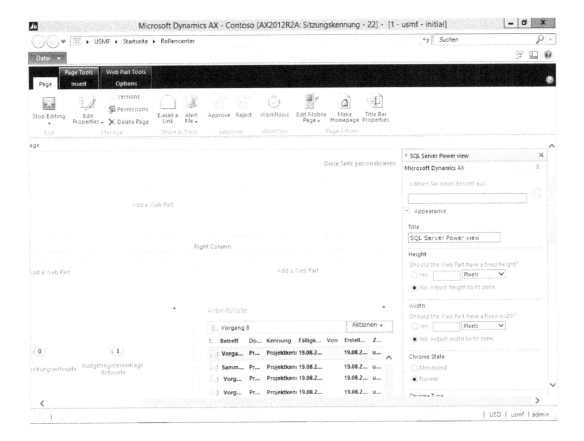

Wenn das Web Part Eigenschaftsfenster rechts geöffnet wird, klicken Sie auf das orangene Tabellen Browser Symbol rechts vom Feld Wählen Sie einen Bericht aus.

Einbetten von PowerView Reports in Ihr Role Center

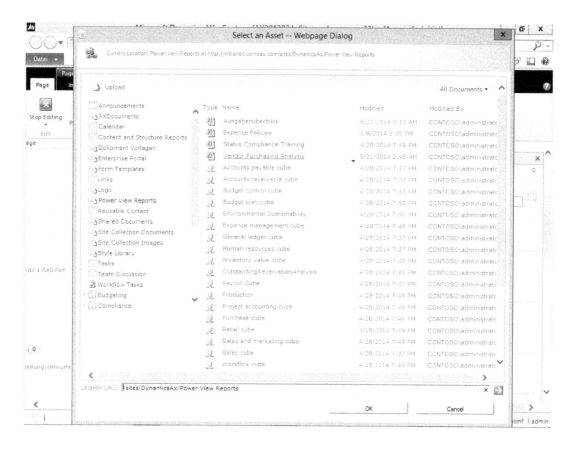

Jetzt haben Sie Möglichkeit, sich im Browser zu Ihrem PowerView Dashboard zu bewegen, es auszuwählen und dann OK zu klicken.

Einbetten von PowerView Reports in Ihr Role Center

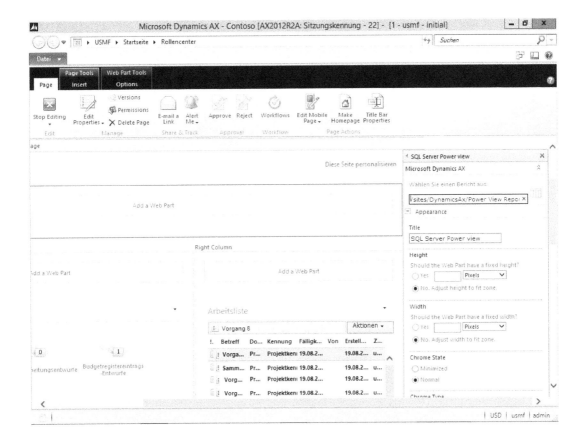

Wenn Sie zu den Web Part Eigenschaften zurückkehren, können Sie erkennen, dass die URL des Reports im Feld Wählen Sie einen Bericht aus veröffentlicht wird.

Einbetten von PowerView Reports in Ihr Role Center

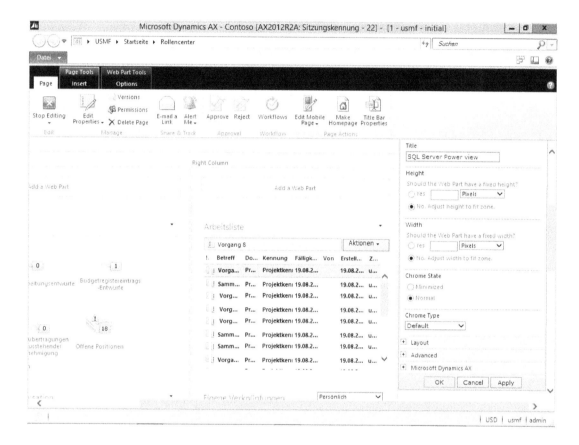

Scrollen Sie im Eigenschaftsfenster nach unten, und klicken Sie auf OK, um Ihre Änderungen zu speichern.

Einbetten von PowerView Reports in Ihr Role Center

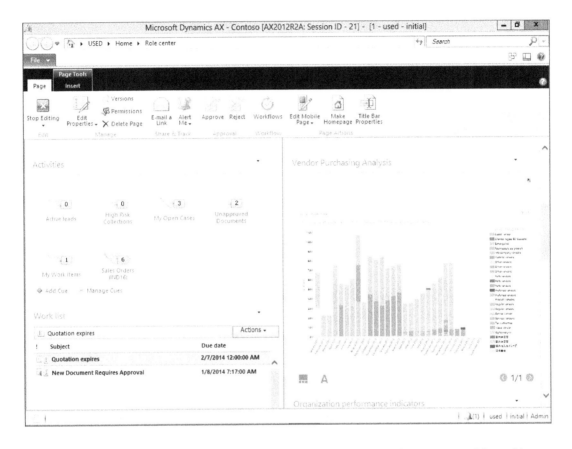

Wenn das Role Center jetzt erscheint, können Sie sehen, dass Ihr neues Dashboard in die Seite eingefügt wurde.

Um den Designmodus zu verlassen, klicken Sie einfach in der Funktionsleiste auf Stop Editing.

Einbetten von PowerView Reports in Ihr Role Center

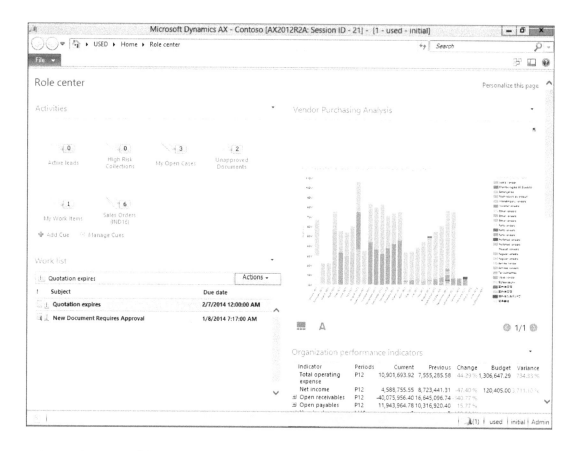

Wenn Sie jetzt auf Ihr Role Center zugreifen, können Sie nun das neue PowerView Dashboard als ein Element des Role Centers erkennen.

Exportiere PowerView Dashboards nach PowerPoint, um dynamische und interaktive Präsentationen zu erstellen

PowerView ist ein hervorragendes Werkzeug, um Reports und Dashboards direkt aus Dynamics AX heraus zu erstellen, und es ist mit Abstand eines der coolsten Reporting Werkzeuge, das Sie benutzen können. Es hat ein exzellentes Feature, das es Ihnen gestattet, Ihre gespeicherten Dashboards nach PowerPoint zu exportieren, und diese Reports werden interaktiv, wenn Sie in den SlideShow Modus gehen. Dies ist eine hervorragende Möglichkeit, um Präsentationsvorlagen zu erstellen, die Sie immer wieder verwenden können, und die immer die aktuellsten Daten beinhalten.

Nie wieder werden Sie 100 Variationen desselben Verkaufsreports erstellen müssen, wo die einzige Differenz der Kundenaccount ist.

Exportiere PowerView Dashboards nach PowerPoint, um dynamische und interaktive Präsentationen zu erstellen

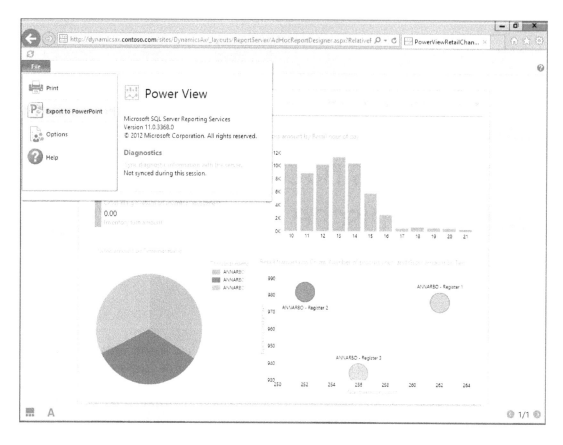

Öffnen Sie das PowerView Dashboard, das Sie exportieren möchten, und vom Dateimenü wählen Sie den Menüpunkt Export to PowerPoint aus.

Exportiere PowerView Dashboards nach PowerPoint, um dynamische und interaktive Präsentationen zu erstellen

Wenn Ihnen PowerView mitteilt, dass der Export vollständig durchgeführt wurde, klicken Sie auf Speichern(Save).

Exportiere PowerView Dashboards nach PowerPoint, um dynamische und interaktive Präsentationen zu erstellen

Wählen Sie jetzt einen Speicherort und Dateinamen für die PowerPoint Präsentation, die Sie erstellen möchten, und klicken Sie auf Save (Speichern).

Exportiere PowerView Dashboards nach PowerPoint, um dynamische und interaktive Präsentationen zu erstellen

Sobald die PowerPoint Datei erstellt wurde, sollten Sie in der Lage sein, sie zu öffnen. Ihr PowerView Dashboard ist nun in eine Folie eingebettet worden.

Exportiere PowerView Dashboards nach PowerPoint, um dynamische und interaktive Präsentationen zu erstellen

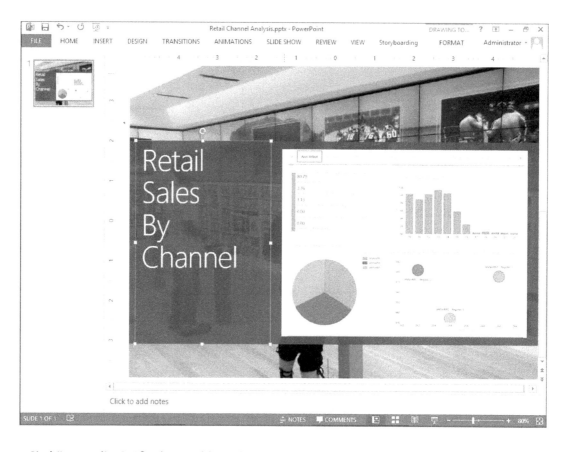

Sie können die Größe des Dashboard verändern und Ausschmückungen hinzufügen, die Ihre Präsentation smarter erscheinen lassen.

Exportiere PowerView Dashboards nach PowerPoint, um dynamische und interaktive Präsentationen zu erstellen

Wenn Sie in den Slideshow-Modus wechseln, wird Ihnen das Dashboard im ruhenden Zustand in der rechten unteren Ecke mit dem Schalter Interact angezeigt, auf den Sie klicken können.

Exportiere PowerView Dashboards nach PowerPoint, um dynamische und interaktive Präsentationen zu erstellen

Wenn Sie die Rechte haben, das Dashboard interaktiv zu betrachten, können Sie jetzt mit Hilfe von PowerPoint wie auf herkömmliche Art und Weise Ihre Daten drillen.

Veröffentliche Abfragen als OData Dokumentquellen in Excel für Benutzeranfragen

Falls Sie Benutzern Daten offenlegen möchten, damit sie ihre eigenen Reports erstellen oder ihre eigenen Analysen ausführen können, gibt es in Dynamics AX eine einfache und sichere Methode. Sie können Ihre Abfragen (Queries) als Dokumentdatenquellen erfassen, und sie werden dadurch in Dynamics AX mit Hilfe des OData Service automatisch verfügbar. Außerdem werden alle Sicherheitseinstellungen, die Sie rund um die Daten eingerichtet haben, durch den Service respektiert, da Sie für die Erstellung der Abfrage Dynamics AX verwenden.

Keine ODBC Verbindungen mehr, oder genauso übel... ungesicherte Access Datenbanken.

Veröffentliche Abfragen als OData Dokumentquellen in Excel für Benutzeranfragen

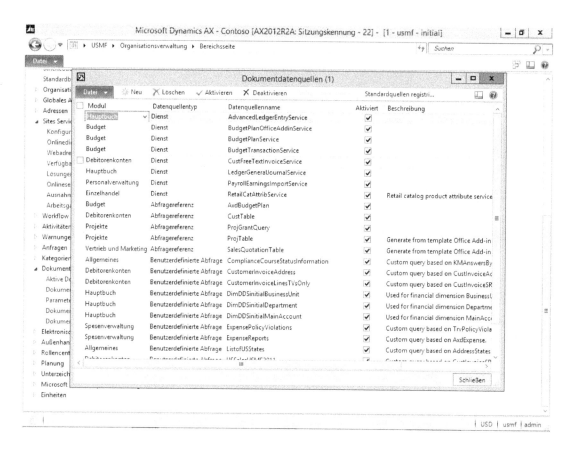

Klicken Sie auf den Menüpunkt Dokumentdatenquellen im Ordner Dokumentverwaltung innerhalb des Moduls Organisationsverwaltung.

Klicken Sie zur Erstellung eines neuen Datensatzes in der Menüleiste auf Neu.

Weisen Sie der Dokumentdatenquelle ein Modul zu, und wählen Sie dann aus der Auswahliste Datenquellentyp die Option benutzerdefinierte Abfrage aus.

Veröffentliche Abfragen als OData Dokumentquellen in Excel für Benutzeranfragen

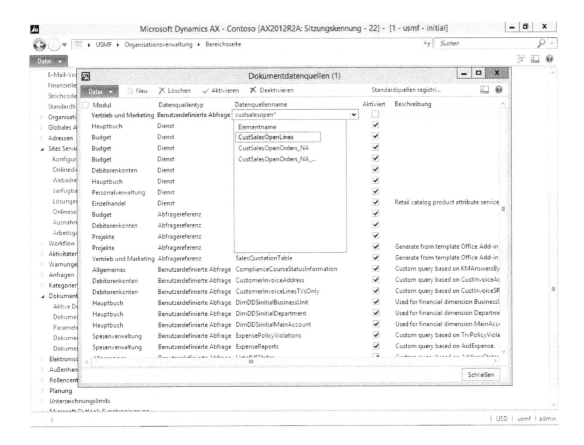

Danach wählen Sie die Tabelle oder Abfrage in der Spalte Datenquellenname, die Sie als OData Abfrage veröffentlichen möchten.

Veröffentliche Abfragen als OData Dokumentquellen in Excel für Benutzeranfragen

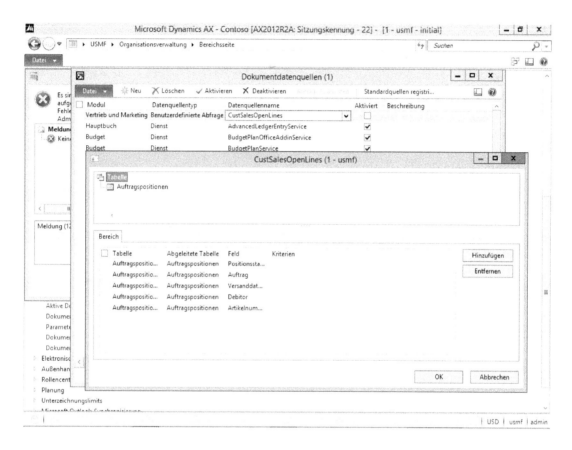

Den Datenquellentyp Benutzerdefinierte Abfrage haben wir gewählt, weil uns dadurch die Möglichkeit zur Verfügung steht, den Abfrageeditor zu nutzen, um unsere Ergebnisse, die an den Benutzer zurückgemeldet werden, zu veredeln. Wenn Sie Filter ergänzen wollen, können Sie es hier machen. Zum Schluß klicken Sie auf OK.

Veröffentliche Abfragen als OData Dokumentquellen in Excel für Benutzeranfragen

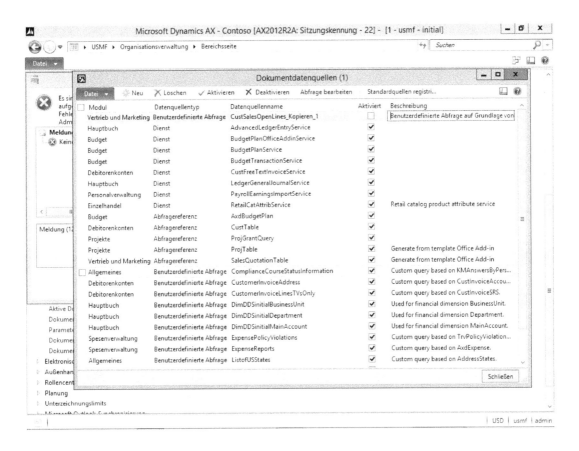

Sie können nun den Datenquellennamen anschaulicher umschreiben, und um den Vorgang abzuschließen und für den Benutzer verfügbar zu machen, klicken Sie auf den Menüpunkt Aktivieren.

Veröffentliche Abfragen als OData Dokumentquellen in Excel für Benutzeranfragen

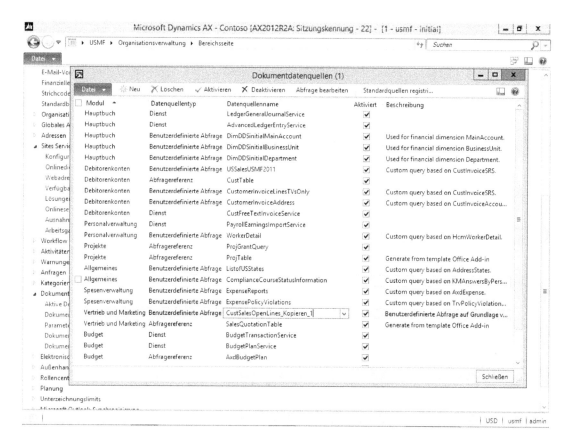

Klicken Sie auf Schließen, um das Formular zu verlassen.

Veröffentliche Abfragen als OData Dokumentquellen in Excel für Benutzeranfragen

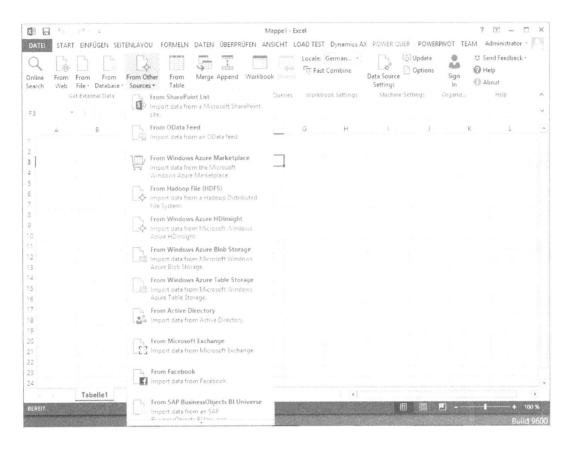

Eine Möglichkeit, um von Excel aus auf die OData Abfrage zuzugreifen, ist via PowerQuery. Diesbezüglich wählen Sie den Menüpunkt From Odata Feed in der POWER QUERY Funktionsleiste.

Veröffentliche Abfragen als OData Dokumentquellen in Excel für Benutzeranfragen

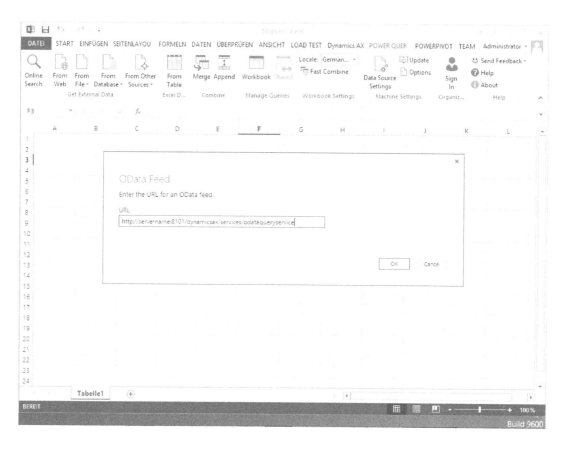

Wenn die Dialogbox Odata Feed angezeigt wird, können Sie die URL für den Dynamics AX´s Odata Feed Service eingeben. Es wird vermutlich etwas ähnliches sein wie:

http://servername:8101/dynamicsax/services/odataqueryservice/

Danach klicken Sie OK.

Veröffentliche Abfragen als OData Dokumentquellen in Excel für Benutzeranfragen

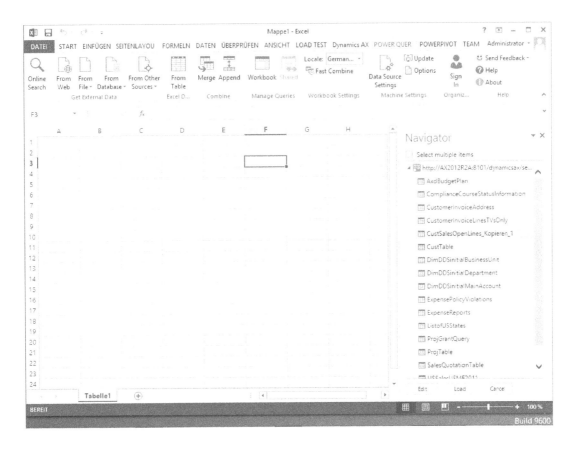

Ein Navigationspanel wird in Excel angezeigt, das sämtliche verfügbaren Tabellen und Abfragen auflistet, auf die Sie mit Hilfe des OData Feed zugreifen können. Sie müssen jetzt nur das entsprechende Feed auswählen und auf Laden (Load) klicken.

Veröffentliche Abfragen als OData Dokumentquellen in Excel für Benutzeranfragen

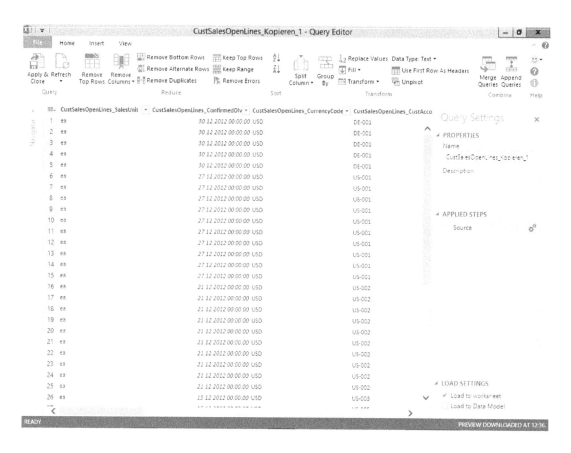

Die Daten vom Feed werden in Power Query geladen. Um sie in Excel verwenden zu können, klicken Sie auf den Menüpunkt Apply & Close (Übernehmen & Schließen) in der Home Funktionsleiste.

Veröffentliche Abfragen als OData Dokumentquellen in Excel für Benutzeranfragen

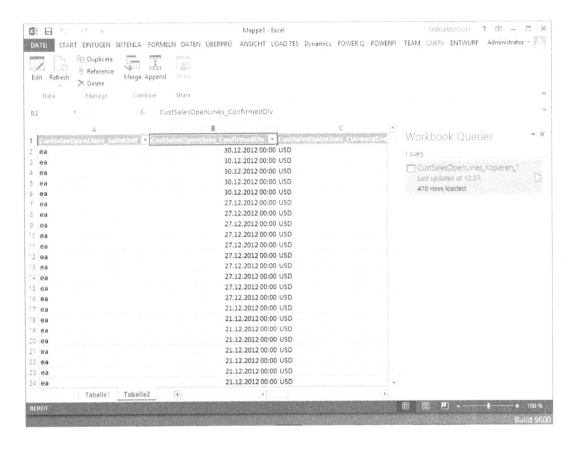

Jetzt werden alle Daten aus Dynamics AX direkt in Ihr Arbeitsblatt eingespeist.

Mache häufige Abfragen für jeden verfügbar durch Speichern in Office 365

Abfragen (Queries) sind vergleichbar dem Schürfen nach Gold. Denn jeder ist unablässig damit beschäftigt, nach Daten zu suchen, die in Dynamics AX "vergraben" sind. Und wenn sie gefunden sind, wird solange geschürft bis alles ausgedrocknet ist, und man muß mit dem Schürfen erneut beginnen. Auch die geheimen Skizzen zu den Daten sind verborgen, in der Regel auf irgendjemand´s persönlicher Festplatte, anstatt sie mit anderen zu teilen. Office 365 und Power Query hingegen erlauben es, jede Abfrage mit jeder Person innerhalb einer Organisation zu teilen, einschließlich der nicht-technischen Benutzer, die nie eine Abfrage erstellen würden.

Kein Springen mehr von einem Claim zum anderen, es sind für jeden genügend Daten zum Schürfen vorhanden.

Mache häufige Abfragen für jeden verfügbar durch Speichern in Office 365

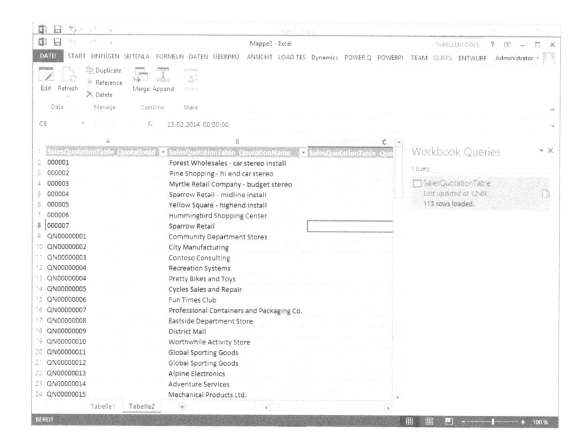

Beginnen Sie mit einer Abfrage, die Sie mit Power Query erstellt haben, und die Sie mit anderen teilen möchten.

Dann gehen Sie sicher, dass Sie via Power Query in Office 365 angemeldet sind. Die POWER QUERY Funktionsleiste beinhaltet ein Symbol, das es Ihnen erlaubt, sich in Office 365 einzuloggen. Wenn es heißt Sign Out, dann sind Sie angemeldet, wenn es heißt Sign In, dann klicken Sie auf das Symbol, um eine Verbindung herzustellen.

Mache häufige Abfragen für jeden verfügbar durch Speichern in Office 365

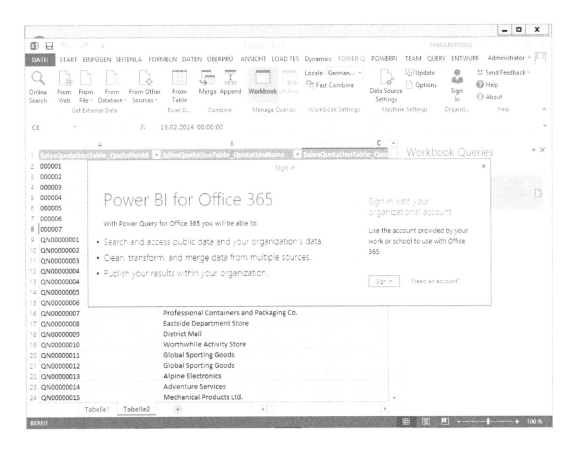

Wenn der Dialog Anmelden an Power BI für Office 365 erscheint, folgen Sie den einzelnen Schritten.

Mache häufige Abfragen für jeden verfügbar durch Speichern in Office 365

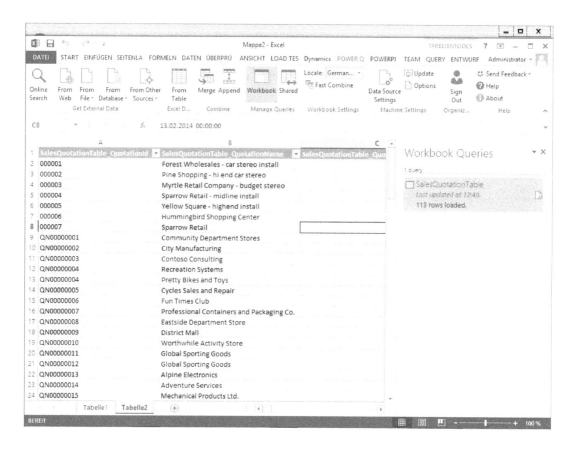

Um zu sehen, dass Sie angemeldet sind, sollte das Verbindungssysmbol jetzt Sign Out anzeigen.

Mache häufige Abfragen für jeden verfügbar durch Speichern in Office 365

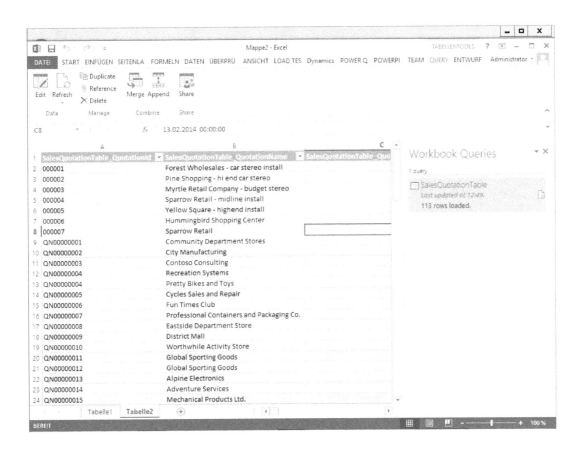

Wählen Sie Ihre Abfrage aus, und klicken Sie in der Query Funktionsleiste den Schalter Share.

Mache häufige Abfragen für jeden verfügbar durch Speichern in Office 365

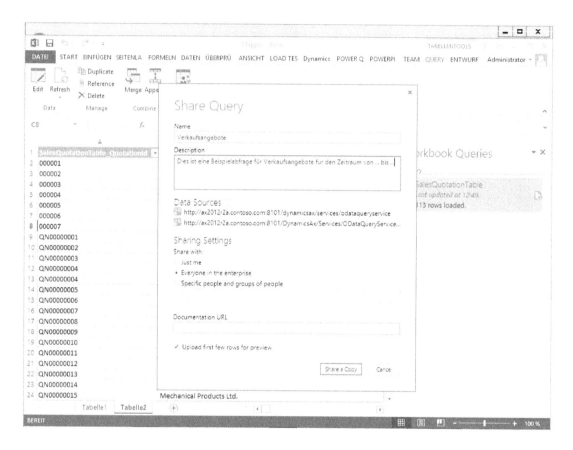

Wenn die Dialogbox ShareQuery angezeigt wird, können Sie den Namen ändern und eine kurze Beschreibung hinzufügen, und dann klicken Sie auf Share a Copy, um es in Office 365 zu veröffentlichen.

Mache häufige Abfragen für jeden verfügbar durch Speichern in Office 365

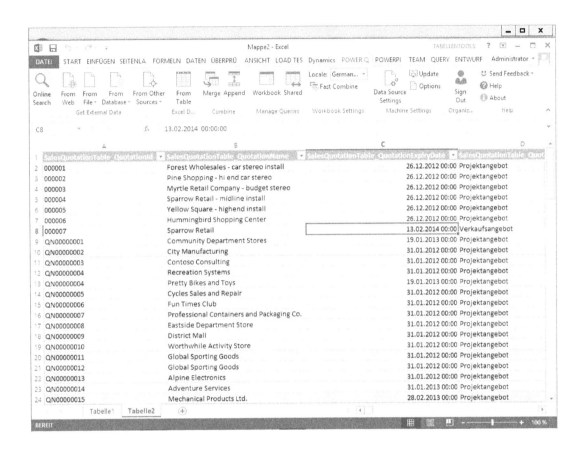

Durch Klicken auf Online Search in der POWER QUERY Funktionsleiste kann auf die Abfrage zugegriffen werden.

Mache häufige Abfragen für jeden verfügbar durch Speichern in Office 365

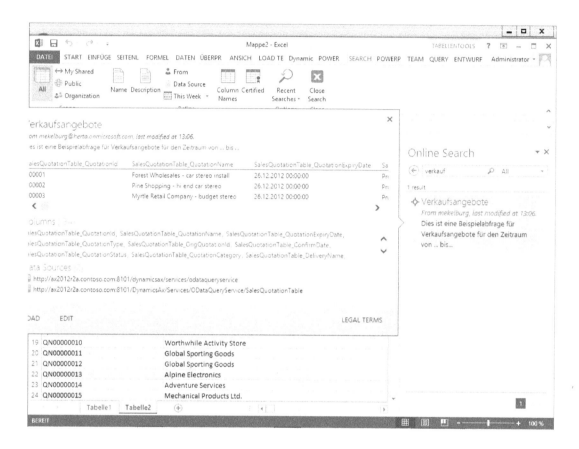

Geben Sie für die Suche Schlüsselwörter in die Suchbox ein. Es sollte Ihnen möglich sein, Ihre Abfrage, die Sie bereitgestellt haben, zu finden, und auch die Beispieldaten zu sehen, die mit der Abfrage ebenfalls gespeichert wurden. Um sie zu nutzen, klicken Sie auf Load im Fuß des Vorschaufensters.

Mache häufige Abfragen für jeden verfügbar durch Speichern in Office 365

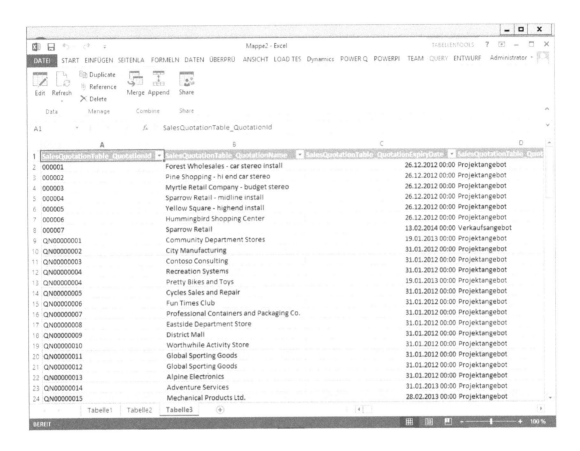

Die Abfrage wird daraufhin Ihren Arbeitsblatt hinzugefügt und einzig mit den Daten aktualisiert, die von Ihnen eingesehen werden dürfen.

Es ist kein Design der Abfrage erforderlich.

How easy is that.

SYSTEM ADMINISTRATION TIPS

Es sind in Dynamics AX eine Menge Assistenten und Werkzeuge vorhanden, die konzipiert wurden, um die Administration und das Management des Systems zu erleichtern. Aber diese Tools sind nicht nur für den Systemadministrator da, sondern jeder kann seinen Vorteil daraus ziehen. Funktionen wie Warnmeldungen (Alerts) und Werkzeuge wie die Aufnahmeaufzeichnungen (Task Recorder) sind von unschätzbaren Wert für jeden einzelnen.

In diesem Kapitel werden wir ein paar Beispiele demonstrieren, wie Sie diese Administrationswerkzeuge nutzen können, um Zeit zu sparen und Ihr Leben einfacher zu gestalten.

Lass Warnmeldungen (Alerts) Änderungen an bevorzugten Daten beobachten

Jeder hat bestimmte Daten innerhalb Dynamics AX, zu denen er ein besonderes Verhältnis hat, so dass man gerne informiert werden möchte, wenn diese Daten manipuliert werden. Selbstverständlich hätten Sie die Möglichkeit, die Daten regelmäßig zu überprüfen, oder Sie könnten sich von irgendjemand Tage später informieren lassen, falls die Daten geändert wurde. Einfacher ist es, wenn Sie bestimmten Felder sog. Warnmeldungen hinzufügen, so dass Sie sofort benachrichtigt werden, falls Änderungen vorgenommen wurden.

Warnmeldungen (Alerts) sind Ihr persönlicher "Spion" innerhalb Dynamics AX

Lass Warnmeldungen (Alerts) Änderungen an bevorzugten Daten beobachten

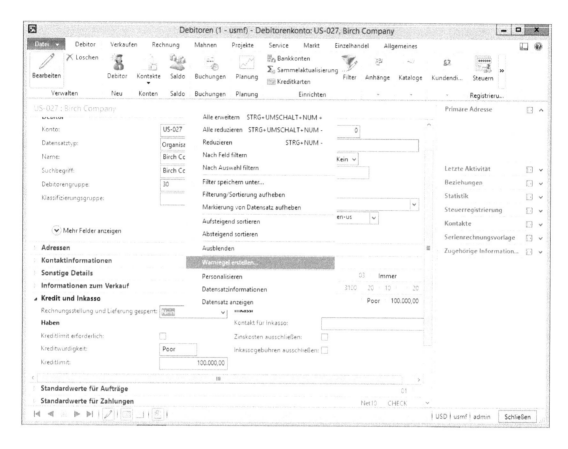

Klicken Sie auf dem Feld, wo Sie Änderungen aufzeichnen wollen, mit der rechten Maustaste, und wählen Sie den Menüpunkt Warnregel erstellen ... aus.

Lass Warnmeldungen (Alerts) Änderungen an bevorzugten Daten beobachten

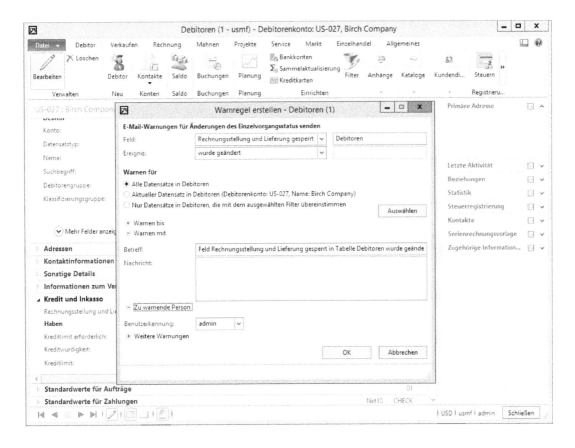

Wenn die Dialogbox Warnregel erstellen erscheint, können Sie die Standardkonfiguration der Warnregel ändern, ob z.B. Änderungen an einem speziellen Datensatz aufgezeichnet werden sollen, ob eine Nachricht ergänzt werden, und wer die Warnung erhalten soll. Die Meldung kann auch an eine Email Adresse versendet werden.

In den meisten Fällen können die Vorgaben mit OK bestätigt werden.

Lass Warnmeldungen (Alerts) Änderungen an bevorzugten Daten beobachten

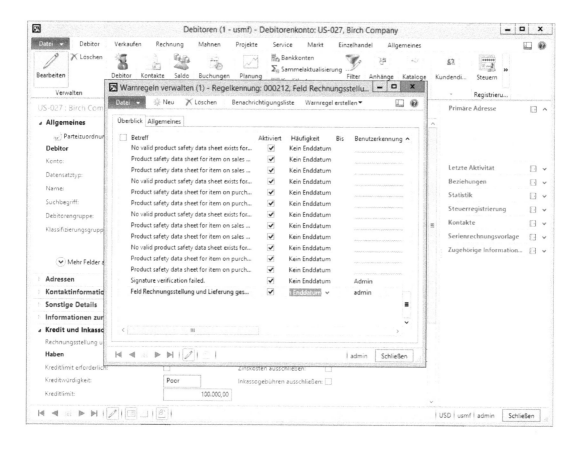

Dynamics AX listet Ihnen dann sämtliche Warnregeln auf, die konfiguriert wurden. Klicken Sie anschließend auf Schließen, um das Formular zu verlassen und zur Hauptmaske zurückzukehren.

Lass Warnmeldungen (Alerts) Änderungen an bevorzugten Daten beobachten

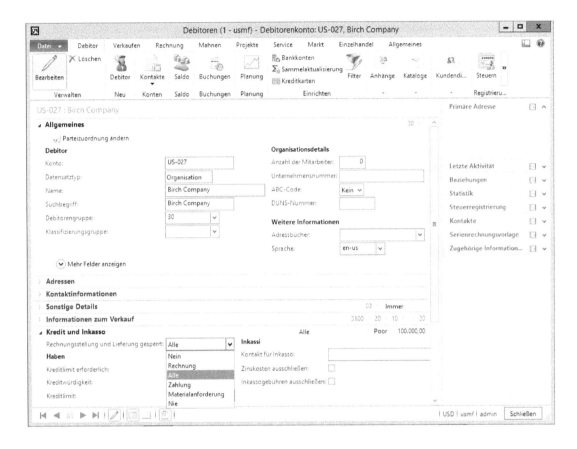

Um die Warnregel in Aktion zu erleben, ändern Sie das Feld, für das Sie eine Warnregel erstellt haben.

Lass Warnmeldungen (Alerts) Änderungen an bevorzugten Daten beobachten

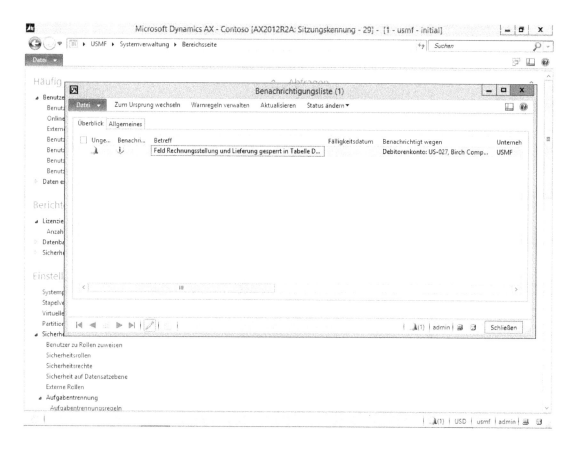

Sie erhalten eine Benachrichtigung via Benachrichtigungsliste und eventuell eine Meldung durch das Einblenden einer "Visitenkarte".

Lass Warnmeldungen (Alerts) Änderungen an bevorzugten Daten beobachten

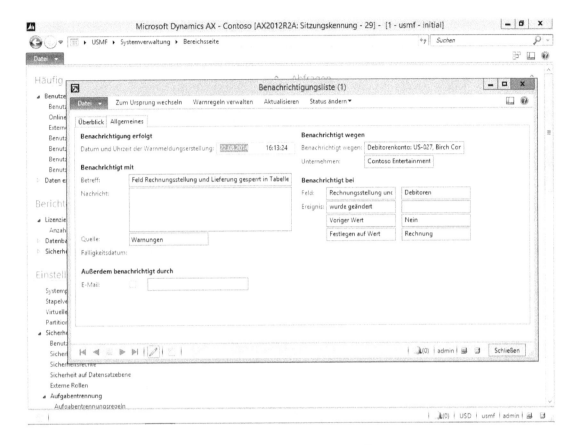

Durch Klicken auf die Kartei Allgemeines wird Ihnen die Änderung angezeigt, und wann die Änderung gemacht wurde.

Lass Warnmeldungen (Alerts) Änderungen an bevorzugten Daten beobachten

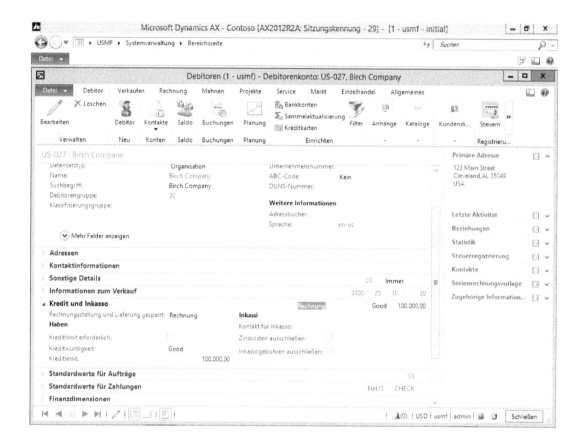

Wenn Sie in der Benachrichtigungsliste auf den Menüpunkt Zum Ursprung wechseln klicken, werden Sie direkt zu dem Datensatz geführt, der geändert wurde.

Beachte: Bevor und nach der Änderung eines Datensatzes muß die Funktion Änderungsbasierte Warnungen in Systemverwaltung->Periodisch->Warnungen aufgerufen werden. Normalerweise wird dieser Aufruf periodisch mit Hilfe eines Batch angestoßen.

Nutze den neuen Aufzeichnungs-Recorder zur Erstellung von Trainings Dokumenten und Videos

Die Aufgabenaufzeichnungsfunktion (Task Recorder) war schon immer ein hervorragendes Werkzeug, um Trainingsunterlagen für die Benutzer zu erstellen. Mit dem Release CU6/7 von Dynamics AX wurde der Recorder nochmals verbessert. Wenn Sie jetzt Ihre Aufzeichnungen erstellen, werden Ihre Aufzeichnungsdokumente automatisch erstellt, ohne das Sie manuell eingreifen müssen.

Das macht die Erstellung von Trainingsmaterial und Referenzvideos zu einem Kinderspiel.

Nutze den neuen Aufzeichnungs-Recorder zur Erstellung von Trainings Dokumenten und Videos

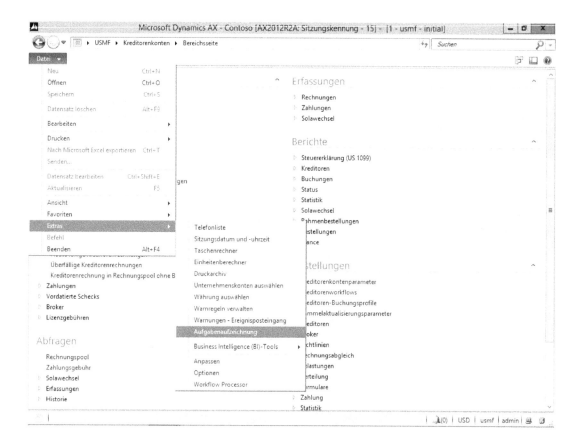

Vom Menübefehl Datei klicken Sie auf das Untermenü Extras, und wählen Sie den Menüpunkt Aufgabenaufzeichnung.

Nutze den neuen Aufzeichnungs-Recorder zur Erstellung von Trainings Dokumenten und Videos

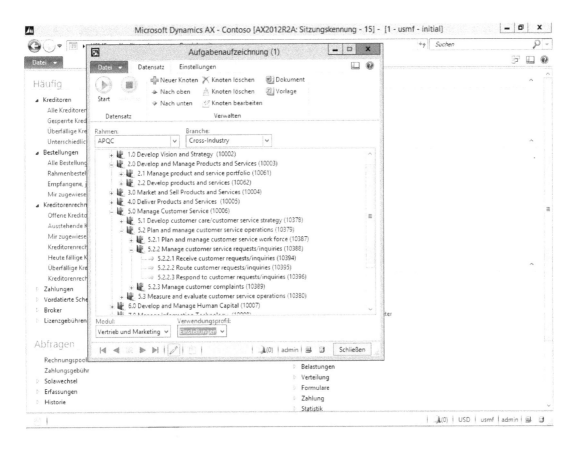

Wenn die Aufgabenaufzeichnung geöffnet ist, wählen Sie den Knoten Ihres Rahmens, für den Sie Trainingsmaterial aufzeichnen wollen. Klicken Sie auf Start in der Datensatz Funktionsleiste.

Nutze den neuen Aufzeichnungs-Recorder zur Erstellung von Trainings Dokumenten und Videos

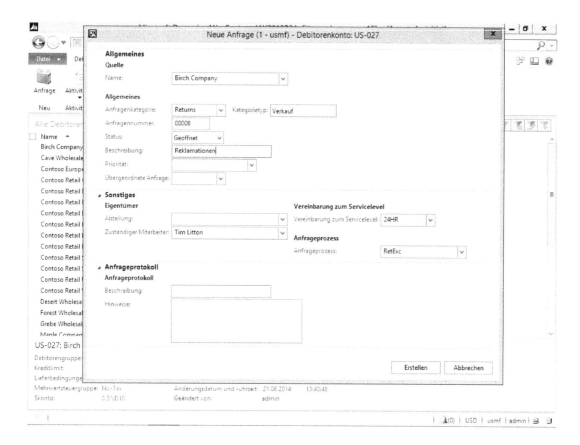

Dann führen Sie die Aufzeichnung aus.

Nutze den neuen Aufzeichnungs-Recorder zur Erstellung von Trainings Dokumenten und Videos

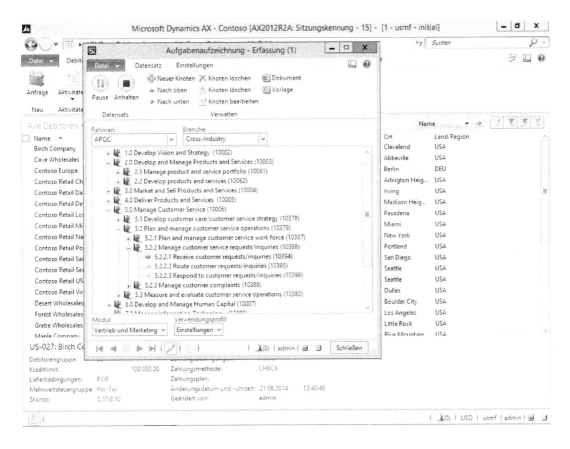

Wenn die Aufzeichnung beendet ist, kehren Sie zur Aufgabenaufzeichnung zurück und klicken in der Datensatz Funktionsleiste auf Anhalten (Stop).

Nutze den neuen Aufzeichnungs-Recorder zur Erstellung von Trainings Dokumenten und Videos

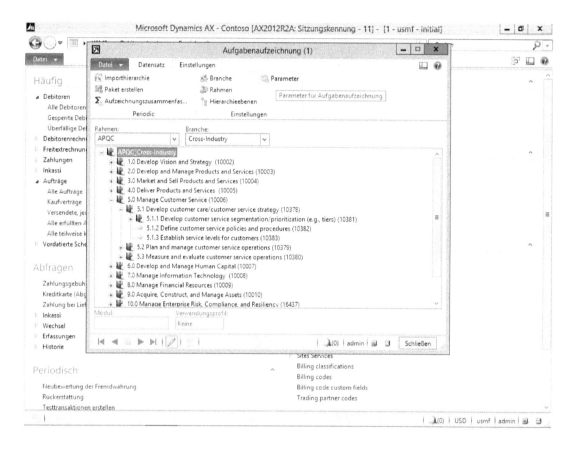

Um zu sehen, wo Ihre aufgezeichneten Dokumente abgespeichert wurden, klicken Sie auf Parameter in der Einstellungen Funktionsleiste.

Nutze den neuen Aufzeichnungs-Recorder zur Erstellung von Trainings Dokumenten und Videos

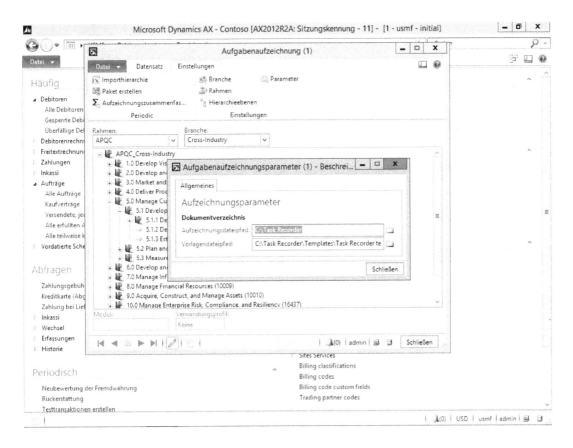

Notieren Sie sich den Aufzeichnungsdateipfad.

Nutze den neuen Aufzeichnungs-Recorder zur Erstellung von Trainings Dokumenten und Videos

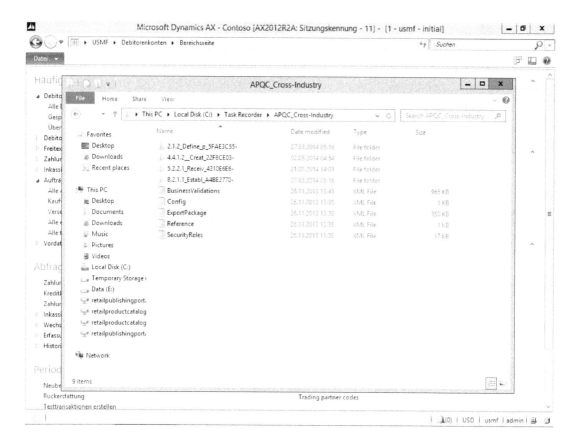

Wenn Sie im Explorer zum Aufzeichnungsdateipfad navigieren, werden Sie feststellen, dass für jede Aufzeichnung ein Ordner angelegt wurde, einschließlich den eben erstellten.

Nutze den neuen Aufzeichnungs-Recorder zur Erstellung von Trainings Dokumenten und Videos

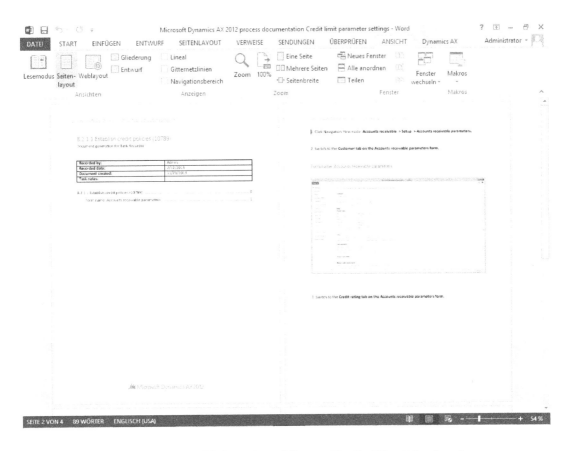

Wenn Sie die .doc Version anklicken, dann können Sie die Word Version der Aufzeichnung sehen.

Nutze den neuen Aufzeichnungs-Recorder zur Erstellung von Trainings Dokumenten und Videos

Wenn Sie auf die .wmv Version klicken, können Sie Ihre Aufzeichnung in Echtzeit als Video betrachten.

Nutze eine persönliche Vorlage zur Erstellung von Dokumenten via Aufzeichnungs-Recorder

Der Aufzeichnungs-Recorder ist ein großartiges Werkzeug, weil er für Sie praktisch alle Benutzerdokumentation erstellt. Das einzige Problem dabei ist, dass das Format der Dokumentation, die erstellt wird, ein wenig fad ist. Aber keine Sorge, anstatt alle Dokumente nachträglich zu formatieren, haben Sie bei Erstellung der Dokumente die Möglichkeit, eine Standardvorlage zu verwenden.

Nutze eine persönliche Vorlage zur Erstellung von Dokumenten via Aufzeichnungs-Recorder

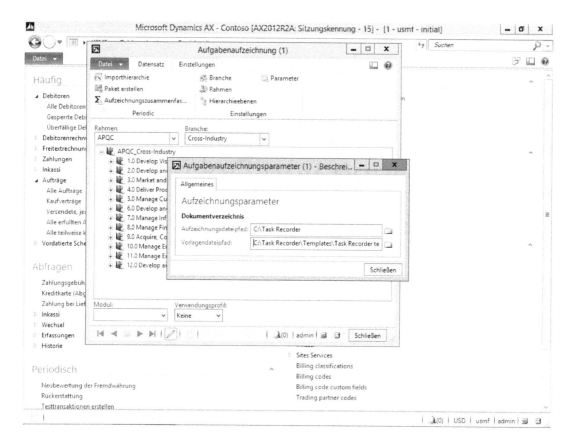

Zuerst müssen wir herausfinden, wo die Vorlagen abgespeichert sind, die der Aufzeichnungs-Recorder nutzt, wenn ein Dokument erstellt wird. Klicken Sie auf den Menüpunkt Parameter in der Funktionsleiste Einstellungen der Aufgabenaufzeichnungs-Eingabemaske. Im Feld Vorlagedateipfad wird der Speicherort angezeigt.

Nutze eine persönliche Vorlage zur Erstellung von Dokumenten via Aufzeichnungs-Recorder

Finden Sie mit Hilfe des Datei Explorers den Vorlageordner, und öffnen Sie die Aufzeichnungsvorlagedatei .dotx.

Nutze eine persönliche Vorlage zur Erstellung von Dokumenten via Aufzeichnungs-Recorder

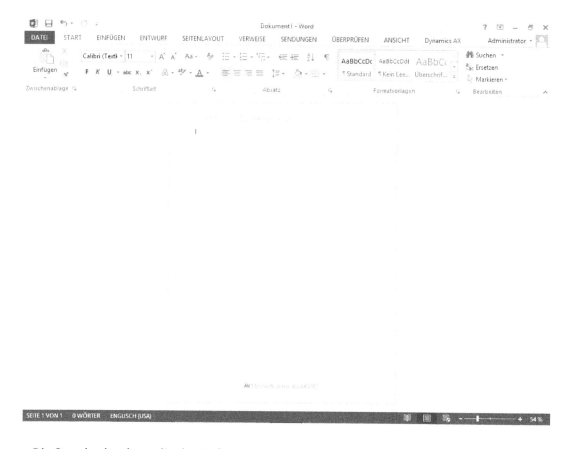

Die Standardvorlage, die der Aufzeichnungs-Recorder nutzt, wenn die Aufzeichnungs-Niederschrift erstellt wird, wird geöffnet.

Nutze eine persönliche Vorlage zur Erstellung von Dokumenten via Aufzeichnungs-Recorder

Sie können nun die Vorlage neu formatieren und die Kopfzeilen ändern.

Nutze eine persönliche Vorlage zur Erstellung von Dokumenten via Aufzeichnungs-Recorder

Falls erwünscht, können auch im Fuß Informationen hinzugefügt werden.

Nutze eine persönliche Vorlage zur Erstellung von Dokumenten via Aufzeichnungs-Recorder

Sie können auch zusätzliche Seiten der Dokumentvorlage hinzufügen, die immer ergänzt werden, wenn das Dokument erstellt wird. Das ist eine hervorragende Möglichkeit, um ein firmenspezifisches Impressum einzubinden, oder Notizen und Verweise, die immer erscheinen sollen, in das Dokument einzufügen.

Wenn Sie fertig sind, speichern Sie die Vorlage.

Nutze eine persönliche Vorlage zur Erstellung von Dokumenten via Aufzeichnungs-Recorder

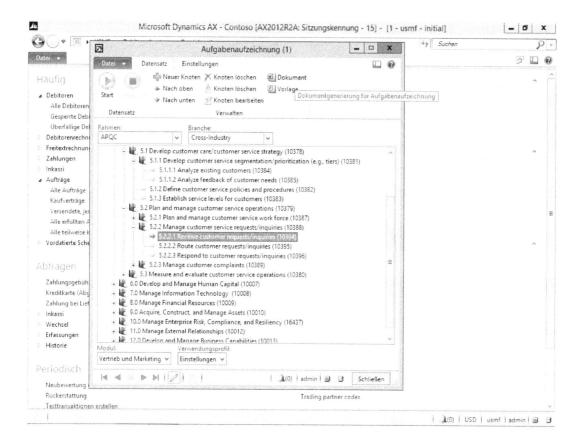

Sie können die neue Vorlage in Aktion sehen, wenn Sie die Aufgabenaufzeichnung öffnen, einen Geschäftsprozess suchen, den Sie bereits aufgezeichnet haben, und dann auf den Menüpunkt Dokument in der Funktionsleiste Datensatz klicken.

Nutze eine persönliche Vorlage zur Erstellung von Dokumenten via Aufzeichnungs-Recorder

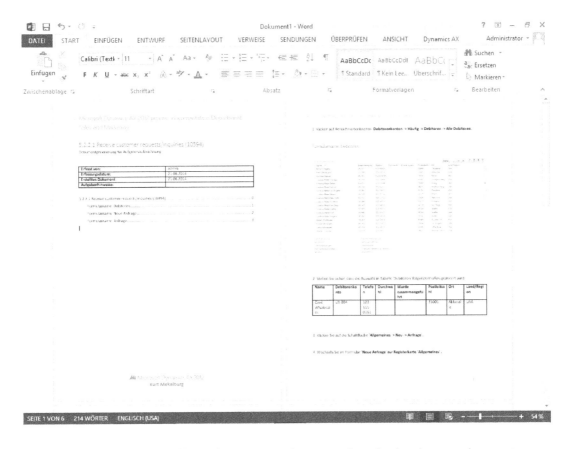

Das Dokument, das erstellt wird, nutzt nun Ihre neue Standardvorlage, und erspart Ihnen viel Zeit für Formatierungsarbeit.

Dokumentiere Vorschriften & Richtlinien innerhalb des Compliance Portals

Dynamics AX wird ausgeliefert mit einem Compliance Portal, das konzipiert wurde, um Sie beim Verwalten und Aufzeichnen sämtlicher Vorgänge, Richtlinien, Risiken und Compliance Dokumentation zu unterstützen – innerhalb eines gemeinsamen und sicheren Ortes. Es erlaubt Ihnen, all diese Informationen zu dokumentieren, Genehmigungs-Workflows zu verfolgen, und auch unterstützende Dokumentationen für Auditverfahren und künftige Bezugnahmen zu verknüpfen.

Dokumentierung von Compliance ist ein undankbarer und Zeit intensiver Job, aber es muß trotzdem kein ungeordneter sein.

Dokumentiere Vorschriften & Richtlinien innerhalb des Compliance Portals

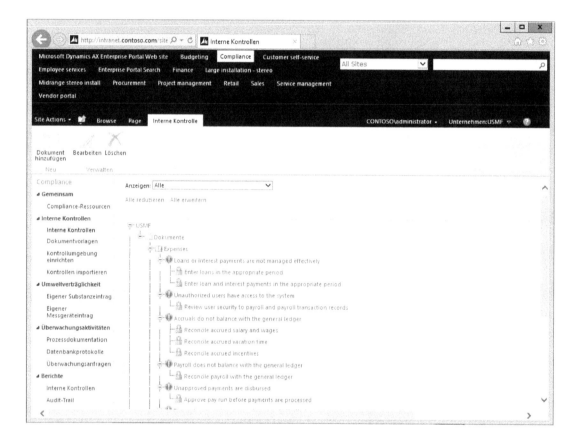

Zu Beginn Ihrer Compliance Dokumentation Aufzeichnung öffnen Sie das Compliance Portal und klicken auf den Menüpunkt Interne Kontrolle.

Dokumentiere Vorschriften & Richtlinien innerhalb des Compliance Portals

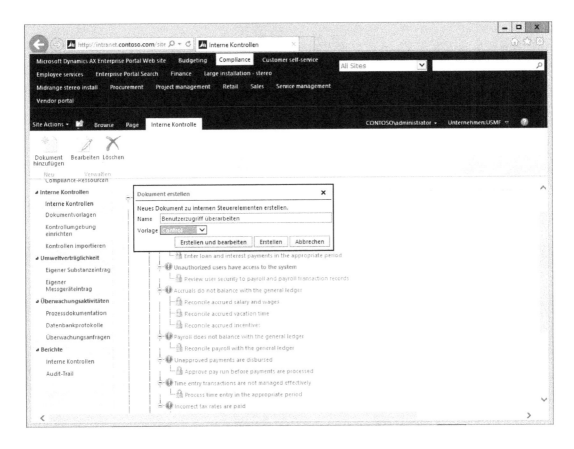

Um ein neues Dokument zu erstellen, klicken Sie auf den Menüpunkt Dokument hinzufügen in der Funktionsleiste Interne Kontrolle.

Wenn die Dialogbox Dokument erstellen erscheint, geben Sie Ihrem Dokument einen Namen, und wählen Sie dann eine Vorlage aus, die Sie im Zusammenhang mit dem Genehmigungsprozess verwenden möchten.

Dokumentiere Vorschriften & Richtlinien innerhalb des Compliance Portals

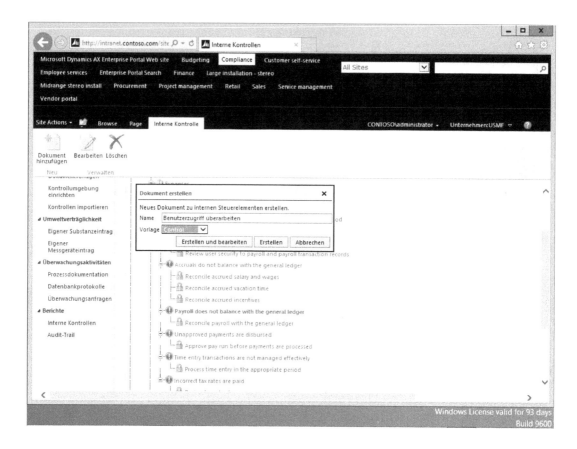

Wenn Sie das getan haben, klicken Sie auf Erstellen und Bearbeiten, um den Compliance Dokument Eintrag zu erstellen.

Dokumentiere Vorschriften & Richtlinien innerhalb des Compliance Portals

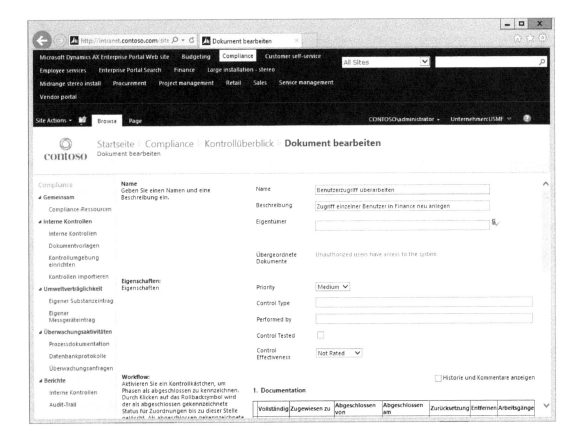

Danach gelangen Sie in die Dokumentdetails, wo Sie zusätzliche Steuerungsdaten Ihrem Dokument hinzufügen können.

Dokumentiere Vorschriften & Richtlinien innerhalb des Compliance Portals

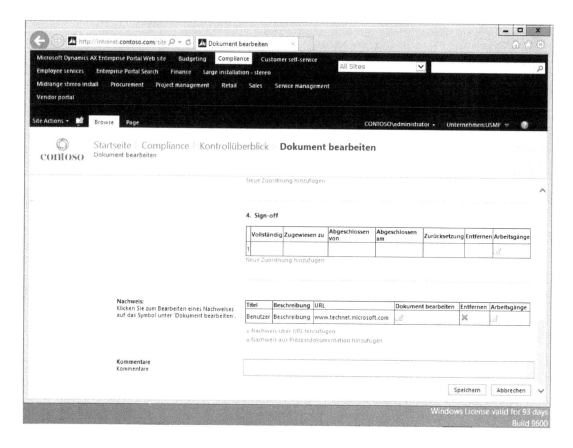

Wenn Sie eine unterstützende Dokumentation zuordnen möchten, dann können Sie an den Fuß der Seite scrollen, und den Link Nachweis über URL hinzufügen anklicken.

Dokumentiere Vorschriften & Richtlinien innerhalb des Compliance Portals

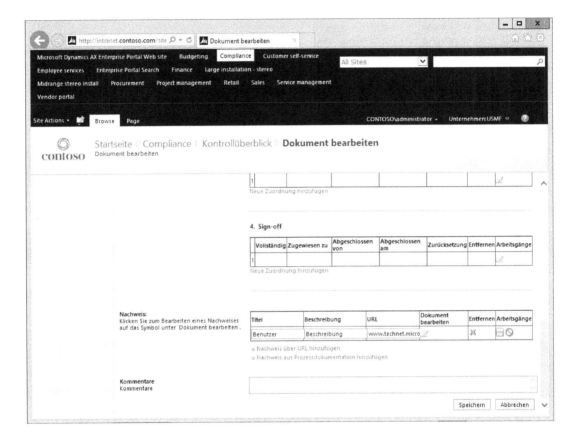

Dies gestattet es Ihnen, eine Web Seite mit dem Dokument zu verknüpfen.

Wenn Sie alles gemacht haben, klicken Sie auf Speichern.

Dokumentiere Vorschriften & Richtlinien innerhalb des Compliance Portals

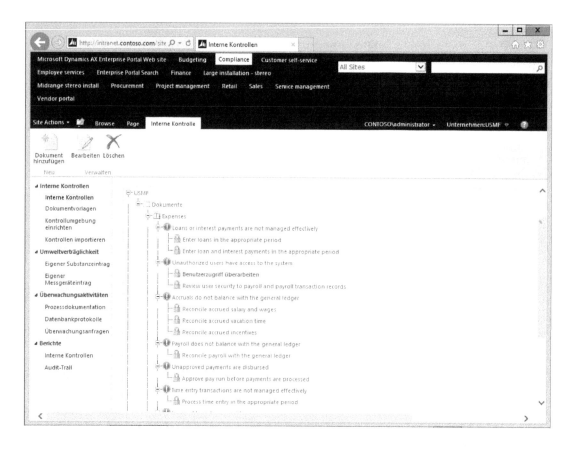

Jetzt haben Sie einen Eintrag für Ihre Compliance Verfahren, Risiken oder Problemstellungen.

Verknüpfe Aufgaben-aufzeichnung als Nachweis Interner Kontrollen im Compliance Portal

Aufgabenaufzeichnung (Task Recording) ist eine hervorragende Möglichkeit, Dokumentationen für Ihre Compliance Verfahren zu erstellen, da Ihnen die undankbare Arbeit der Dokumenterstellung weitgehend abgenommen wird. Das Ganze wird noch nützlicher, wenn es unmittelbar Ihren Compliance Prozeß innerhalb des Compliance Portals als Beweisstück angehängt wird, dass alle erforderlichen Tests ausgeführt wurden.

Falls Sie ein Auditor das nächste mal bittet, mehr Informationen zur Verfügung zu stellen, zeigen Sie ihm das Movie – er wird überzeugt sein.

Verknüpfe Aufgabenaufzeichnung als Nachweis Interner Kontrollen im Compliance Portal

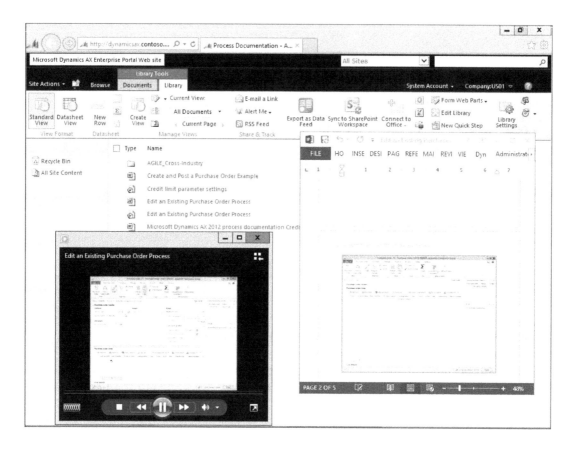

Bevor Sie starten kopieren Sie Ihre Aufgabenaufzeichnung in die Dokumentationsbibliothek des Verfahrens im Compliance Portal.

Verknüpfe Aufgabenaufzeichnung als Nachweis Interner Kontrollen im Compliance Portal

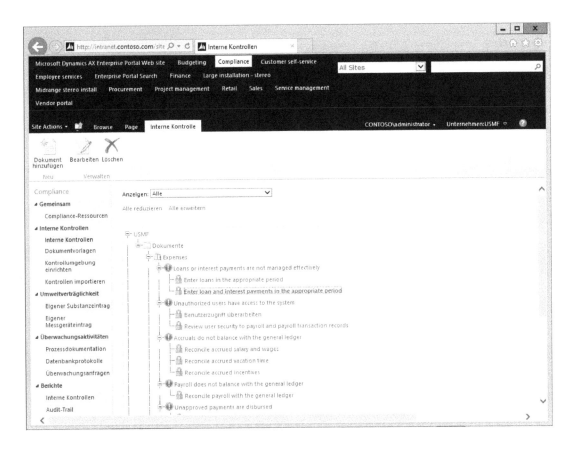

Wählen Sie im Compliance Portal den Menüpunkt Interne Kontrollen.

Wenn die Hierarchie Interne Kontrollen angezeigt wird, wählen Sie den Knoten, mit dem Sie die Aufgabenaufzeichnung verbinden möchten, und dann klicken Sie auf Bearbeiten in der Funktionsleiste Interne Kontrollen

Verknüpfe Aufgabenaufzeichnung als Nachweis Interner Kontrollen im Compliance Portal

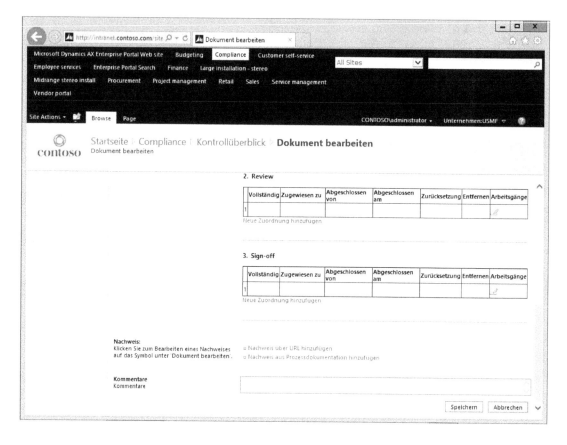

Wenn das Dokument angezeigt wird, scrollen Sie nach unten, und klicken Sie auf den Link Nachweis aus Prozessdokumentation hinzufügen.

Verknüpfe Aufgabenaufzeichnung als Nachweis Interner Kontrollen im Compliance Portal

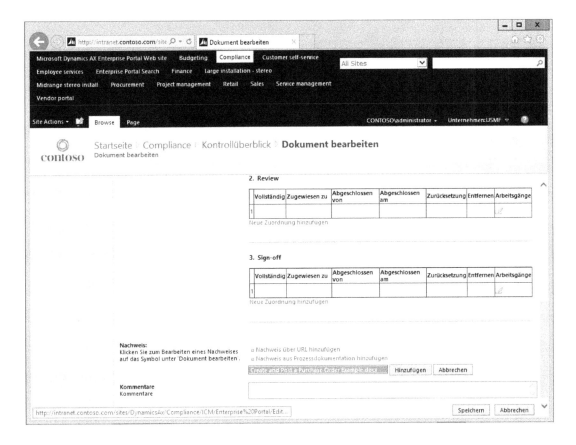

Jetzt wird eine Auswahlbox geöffnet, die Ihnen eine Suche in allen Dokumenten erlaubt, die Sie in der Verfahrensbibliothek abgespeichert haben. Sie können das Aufgabenaufzeichnungsdokument auswählen, das Sie mit dem Kontrolldokument in Verbindung bringen möchten, und anschließend Hinzufügen klicken.

Verknüpfe Aufgabenaufzeichnung als Nachweis Interner Kontrollen im Compliance Portal

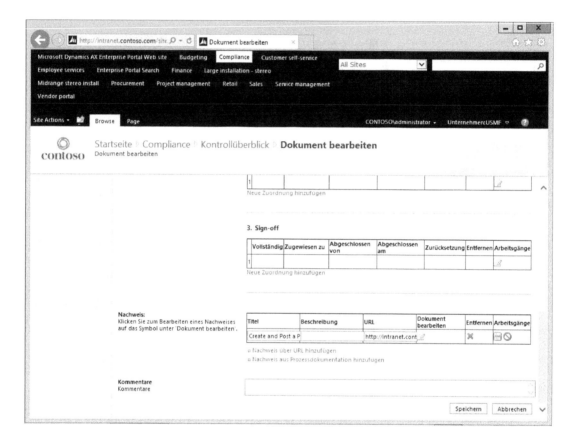

Sie können diesen Vorgang des Hinzufügens von Aufgabenaufzeichnungen so oft wiederholen wie Sie möchten. Zum Schluß klicken Sie auf Speichern.

Jetzt ist alles abgelegt.

Spare Zeit durch Abspeichern Ihrer Aufgabenaufzeichnung direkt in der Compliance Dokumentationsbibliothek

Wenn Sie die Aufgabenaufzeichnung (Task Recorder) nutzen, um Richtlinien und Verfahren zu dokumentieren und anschließend Ihren internen Kontrollen im Compliance Portal anzufügen, wollen Sie bestimmt den Task Recorder so aufsetzen, dass die Dokumente automatisch in der Bibliothek abgelegt werden, so dass sie von Ihnen nicht manuell hineinkopiert werden müssen.

Die dadurch gewonnen Zeit können Sie für andere Arbeiten nutzen.

Spare Zeit durch Abspeichern Ihrer Aufgaben-aufzeichnung direkt in der Compliance Dokumentationsbibliothek

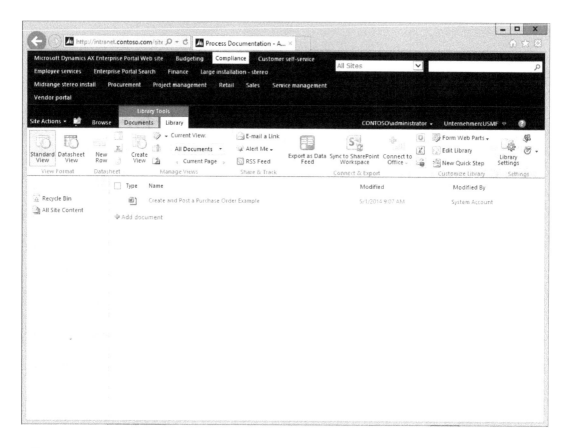

Öffnen Sie die Dokumentenliste in Ihrer Prozeßdokumentation im Compliance Portal, und klicken Sie auf das Open with Explorer Symbol der Bibliotheks Funktionsleiste.

Spare Zeit durch Abspeichern Ihrer Aufgaben-aufzeichnung direkt in der Compliance Dokumentationsbibliothek

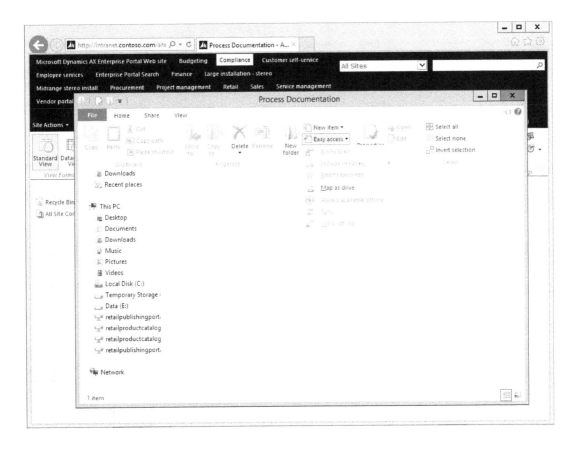

Dies öffnet im Explorer die Bibliothek. Jetzt klicken Sie auf den Menüpunkt Easy Access und wählen die Option Map as Drive.

Spare Zeit durch Abspeichern Ihrer Aufgaben-aufzeichnung direkt in der Compliance Dokumentationsbibliothek

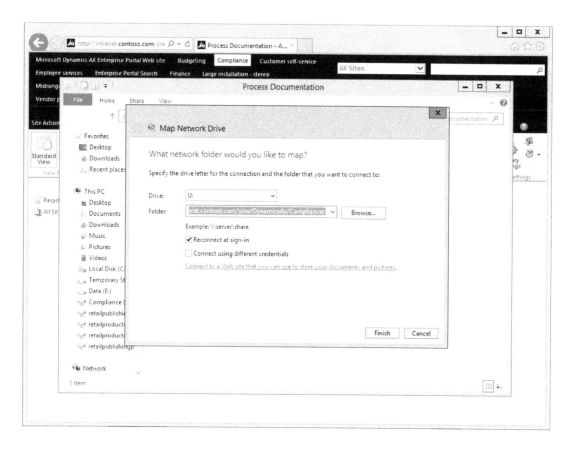

Wenn die Dialogbox Map Network Drive erscheint, wählen Sie einen Laufwerksbuchstaben, der augenblicklich nicht verwendet wird, und klicken auf Beenden (Finish).

Spare Zeit durch Abspeichern Ihrer Aufgaben-aufzeichnung direkt in der Compliance Dokumentationsbibliothek

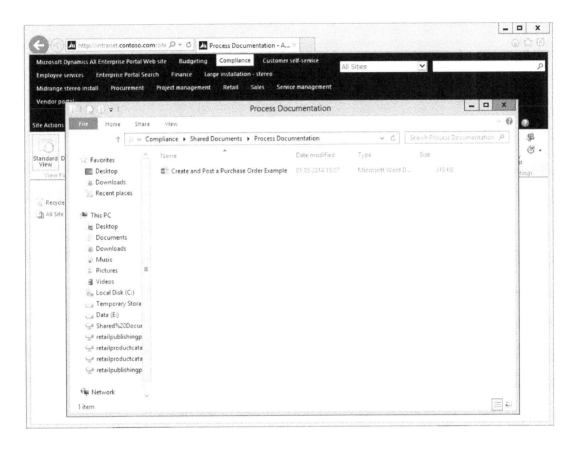

Dies öffnet die Dokumentbibliothek erneut, aber jetzt wird sie referenziert durch den Laufwerksbuchstaben, den Sie zugewiesen haben.

Spare Zeit durch Abspeichern Ihrer Aufgaben-aufzeichnung direkt in der Compliance Dokumentationsbibliothek

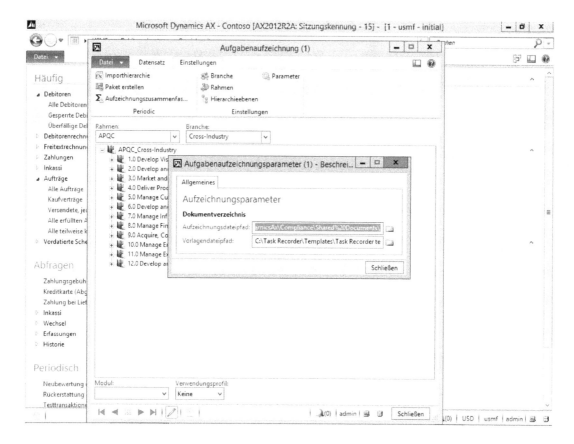

Jetzt öffnen Sie die Aufgabenaufzeichnung und klicken auf den Menüpunkt Parameter in der Funktionsleiste Einstellungen.

Wenn die Parameter Dialogbox erscheint, ändern Sie den Aufzeichnungsdateipfad, der auf Ihr zugeordnetes Laufwerk zeigt.

Spare Zeit durch Abspeichern Ihrer Aufgabenaufzeichnung direkt in der Compliance Dokumentationsbibliothek

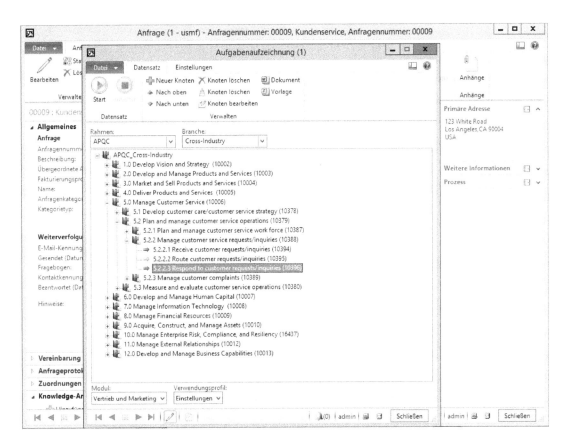

Starten Sie jetzt eine Aufzeichnung.

Spare Zeit durch Abspeichern Ihrer Aufgaben-aufzeichnung direkt in der Compliance Dokumentationsbibliothek

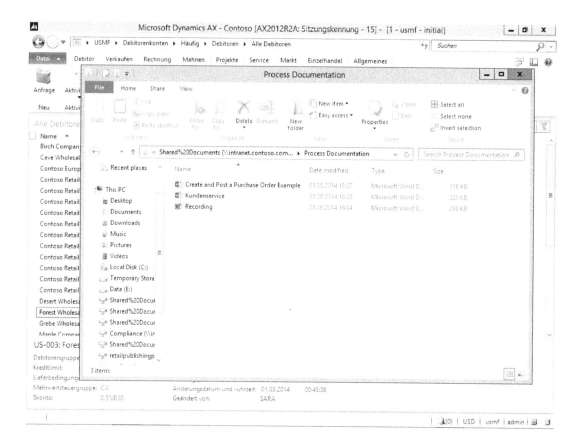

Wenn Sie Ihr Laufwerk überprüfen, werden Sie sehen, dass die Aufzeichnung hier abgelegt ist.

Spare Zeit durch Abspeichern Ihrer Aufgabenaufzeichnung direkt in der Compliance Dokumentationsbibliothek

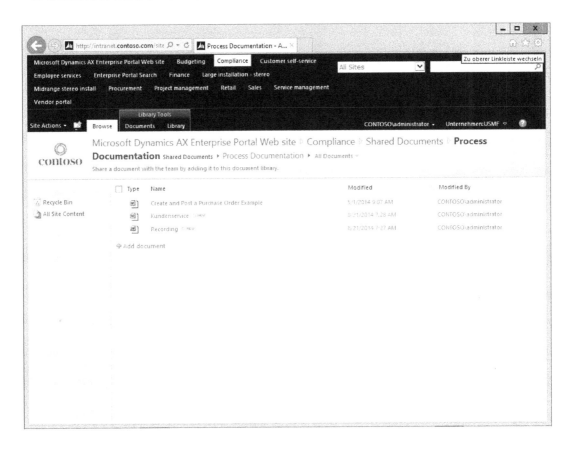

Und wenn Sie sich im Compliance Portal in die Dokumentbibliothek bewegen, dann können Sie sehen, dass die Aufgabenaufzeichnungsdateien als Quellenverweis zur Verfügung stehen.

Was für eine Zeitersparnis !

ZUSAMMENFASSUNG

Es gibt soviele Tricks & Tipps, aus denen Sie innerhalb Dynamics AX Ihren persönlichen Vorteil ziehen können, aber diejenigen, die wir mit Hilfe dieses Buchs aufgezeigt haben, sind schon ein guter Anfang.

Über den Autor

Murray Fife ist Microsoft Dynamics AX MVP mit über 20 Jahren Erfahrung in der Softwareindustrie.

Wie viele Leute in dieser Branche hat er als Entwickler, Consultant sowie Trainer gearbeitet. Augenblicklich verbringt er die meiste Zeit damit, Unternehmen bei der Lösung von Aufgabenstellungen im Zusammenhang mit Dynamics AX zu unterstützen.

EMAIL	murray@dynamicsaxcompanions.com
TWITTER	@murrayfife
SKYPE	murrayfife
AMAZON	www.amazon.com/author/murrayfife
WEB	www.dynamicsaxcompanions.com

Über den Übersetzer

Kurt Mekelburg verfügt ebenfalls über 20 Jahre Erfahrung in der Softwareindustrie. Seit einigen Jahren beschäftigt er sich vorrangig als technischer Consultant und Trainer mit Dynamics AX.

www.ingramcontent.com/pod-product-compliance
Lightning Source LLC
Chambersburg PA
CBHW061923080326
R17960200001B/R179602PG40689CBX00006B/3